```
SP              ILPL009750281V
F          Samperio, Guillermo.
Sam
           Hidalgo
```

```
                    ILPL009750281V
SP
F          Samperio, Guillermo.
Sam
           Hidalgo

                              12.50
```

DATE	BORROWER'S NAME	

Hidalgo
Aventurero astuto de corazón grande

GUILLERMO SAMPERIO

| Hidalgo
Aventurero astuto
de corazón grande

México D.F.•Bogotá•Buenos Aires•Caracas•Madrid•Barcelona•Montevideo•Quito•Santiago de Chile

Hidalgo. Aventurero astuto de corazón grande

1ª edición, agosto de 2010

Imagen de portada: Shutterstock

D.R. © 2010, Guillermo Samperio
D.R. © 2010, Ediciones B México S.A. de C.V.
Bradley 52, Col. Anzures, 11590, México, D.F.
Apoyo en investigación: Rodrigo De Sahagún

www.edicionesb.com.mx

ISBN 978-607-480-087-6

Todos los derechos reservados. Bajo las sanciones establecidas en las leyes, queda rigurosamente prohibida, sin autorización escrita de los titulares del *copyright*, la reproducción total o parcial de esta obra por cualquier medio o procedimiento, comprendidos la reprografía y el tratamiento informático, así como la distribución de ejemplares mediante alquiler o préstamo público.

A Claudia Parodi

*El indulto es para los criminales,
no para los defensores de la patria*

MIGUEL HIDALGO Y COSTILLA

Soy hermano del cura Hidalgo. El recuerdo de mi niñez me viene a la mente con frecuencia. La Hacienda de Corralejo, las rancherías y los paisajes vivos del campo son mis sueños constantes. Pienso con frecuencia en aquello, quizá porque la infancia es la etapa más dichosa de mi vida. Acompañado de velas, en este pequeño cuarto escribo lo que intento que sea un documento probatorio, biográfico, de mi hermano. Lo admiro, aunque a veces me regañaba.

Hablo también de que en algún momento he deseado regresar en el tiempo y volver a respirar la tierra mojada de aquel pueblo que tanto me amó. Añoro las noches frías de aquel lugar extenso.

Recuerdo aquel año de 1811, cuando estábamos presos en Chihuahua; le dije a mi hermano: "sé que pronto nos castigarán por levantarnos en armas contra un mal gobierno que olvidó a sus habitantes. No le importan las clases sociales bajas y no es tolerante frente a nuevas creencias, ni religiosas ni culturales". Dejo asentado en este documento que todo lo que yo diga aquí lo he vivido con pasión, con valentía y a veces con temor, por qué no decirlo.

Encomiendo mi espíritu a Dios y a nuestra señora morena, la Guadalupe, madre y símbolo de esta nación que algún día vivirá su independencia y su libertad. El siguiente escrito se lo dedico a todos los niños que nazcan en esta gran nación que algún día se convertirá en un país libre, soberano y que tendrá una identidad propia.

Como te vas a dar cuenta, el asunto de los nombres era una verdadera revoltura. Mi nombre es Mariano Joseph Félix Hidalgo y Costilla Toribia y Peredo, aunque nada más me decían Mariano. Soy medio hermano de don Miguel Gregorio Antonio Ignacio Hidalgo y Costilla Gallaga Mondarte Villaseñor; ¡zaz!, qué montón de nombres para nada más decir Miguel, o sea Miguel Hidalgo y Costilla.

Pero en la época en la que yo viví era común tener nombrezotes. Se acostumbraba ponerle a los hijos todos los apellidos de los padres; como si tú tuvieras los dos apellidos de tu papá y los dos de tu mamá, aparte de varios nombres propios. Pero así nos habían acostumbrado los españoles.

Esa costumbre desapareció hace mucho; aunque, claro, siempre hay gente que se quiere parar el cuello. Creo que voy a contarte la historia de mi hermano Miguel, bueno, para ser exactos: mi medio hermano; mucho de lo que leerás aquí me fue contado por el propio Miguel Hidalgo. Él era nueve años mayor que yo, lo veía muy grandote.

Cuando venía de visita a la hacienda, proveniente de Valladolid, allá en Michoacán, me contaba sus historias antes de que yo me fuera a dormir; así lo hizo la mayor parte de mi infancia. Fue un hombre que para mí siempre representó un ejemplo a seguir y a el que he admirado toda mi vida, igual que a mi padre.

Miguel nació el 8 de mayo de 1753 en San Diego Corralejo, Guanajuato. Fue el segundo hijo de don Cristóbal Hidalgo y Costilla, administrador de la hacienda de San Diego Corralejo, y de doña Ana María Gallaga Mondarte. Mi padre me dijo que al momento del parto, Miguel tuvo problemas para salir del vientre de su madre: se enredó con su cordón umbilical y lo estaba ahorcando; por fortuna, la partera supo desenredárselo. Si no hubiera sido por la partera no tendríamos cura Hidalgo. Los hijos del primer matrimonio de mi padre fueron Joaquín, Miguel, Cesáreo, José María y Manuel. Todos los de la familia Hidalgo, tanto del primero como del segundo matrimonio de mi padre, crecimos rodeados de un montón de animales como caballos, vacas, chivos, gallos, perros, gatos y hasta zopilotes. Supe por mi hermano Miguel que tíos y primos de la familia Hidalgo y Costilla se fueron a vivir a la hacienda, y que Joaquín y Miguel se escapaban de vez en cuando para ir a jugar con ellos fuera de ella.

Una vez, cuando Miguel tenía 5 años —estaba con los primos y amigos fuera de la casa— escuchó a su madre pegar de gritos y corrió, junto con sus amigos, hacia la casa para ver qué era lo que sucedía, pero don Cristóbal los detuvo con un "no"; a Miguel le dijo que esperara en la puerta y a los primos y amigos los hizo regresar a sus casas.

Don Cristóbal se acercó hacia donde estaba la señora Ana María, madre de

Miguel, quien traía entre sus brazos algo envuelto en una cobija. Don Cristóbal la abrazó y lloraban desconsolados. Después de unos minutos, mi papá vio en la puerta al pequeño Miguel, se le acercó y le dijo que su hermano Manuel ahora estaba en el cielo junto al Cristo al que le rezaba en las noches antes de dormir.

Esa noche, Miguel no pudo dormir ni llorar, fue su primera experiencia con la muerte; acostado en la cama, sólo pensaba que cuando alguien, o él muriera, Dios estaría ahí. Así que miró por la ventana, vio el cielo estrellado y comenzó a rezar, mientras escurrían lágrimas por sus mejillas. La segunda vez que estuvo cerca la muerte fue el día en que murió su madre, un año después de nuestro hermano, a consecuencia de este último alumbramiento.

Este suceso siempre lo marcó, cuando me platicaba de su madre y de lo bella y cariñosa que era, sus ojos se llenaban de lágrimas; siempre la recordó con mucho amor y cariño.

A Miguel Hidalgo y Costilla muchos le llaman El Padre de la Patria, otros le dicen el Generalísimo de América; y algunos, a los que no les cae tan bien, le llaman El afrancesado. Pero le gustaba mucho un apodo que le pusieron cuando tenía entre 12 y 14 años de edad: El Zorro, el cual no es muy famoso, pero entre su gente y amigos más allegados así era conocido y Miguel pegaba de brincos de puro gusto.

A lo largo de los años, su imagen de cura ha aparecido en muchos billetes y monedas de nuestro país, siendo la imagen más utilizada de todos los héroes de independencia; hace poco, con la aparición de su cara en los billetes de mil pesos, su rostro representa riqueza. Pero no hay que olvidar cuando el cura dio su vida por los indígenas y la independencia de este país; por ello luchó y ahora alejan esa imagen del pueblo mexicano con ese billetote que, para colmo, en ninguna tienda sea mediana o chica aceptan cambiar.

De una vez, te doy algunos datos del cura por si algo se me ha olvidado. Nació en San Diego Corralejo, Guanajuato, en 1753. Fue hijo segundo de don Cristóbal Hidalgo y Costilla, administrador de la hacienda de San Diego Corralejo, y de doña Ana María Gallaga Mandarte; tuvo tres hermanos. Su padre fungió como maestro los primero años de Miguel y de Joaquín, su hermano mayor; así fue como Miguel aprendió a escribir y a leer. De paso, su papá le enseñó un poco de historia, matemáticas y literatura universal; la literatura era la que más le gustaba. Además, sus padres le inculcaron un gran amor por Dios.

La buena posición económica de don Cristóbal Hidalgo hizo que pudiera darles una mayor educación a sus hijos y los envió a Valladolid (ahora Morelia, como ya te han repetido miles de veces en la escuela), una vez que alcanzaron la adolescencia. Miguel y su hermano entraron al Colegio de San Nicolás de aquella ciudad, el colegio más antiguo de América, fundado por el gran obispo Vasco de Quiroga en el año de 1540.

Miguel demostró de inmediato tener facilidad y rapidez para aprender; debido a sus hábiles adelantos académicos, sus condiscípulos le empezaron a llamar El Zorro, por su perspicacia, distinguiéndose en los cursos de teología y filosofía. Fue en ese mismo colegio donde desarrolló sus dos grandes pasiones: la música y el teatro, las cuales puso en práctica en su vida diaria y cada que podía realizarlo, hasta antes del levantamiento armado por la Independencia en 1810.

En 1773 se graduó como bachiller en filosofía y teología, y obtuvo por oposición una cátedra en el mismo Colegio de San Nicolás. Durante los años siguientes realizó una brillante carrera académica que culminó en 1790, cuando fue nombrado rector del Colegio de San Nicolás. El 25 de junio de 1767, los jesuitas fueron expulsados de los territorios del Imperio Español por órdenes del rey de España Carlos III, y por su ministro, el conde de Floridablanca. El colegio permaneció cerrado unos meses y en diciembre se reanudaron las clases.

En esta institución, Hidalgo estudió letras latinas, leyó a escritores clásicos como Cicerón y Ovidio, y a otros como San Jerónimo y Virgilio. A los diecisiete años de edad ya era maestro en filosofía y teología; El Zorro mostraba su astucia en juegos intelectuales que, por lo regular, ganaba. Aprendió francés y leyó al escritor de teatro Molière; más tarde representaría obras de este autor en las jornadas teatrales que organizaba, siendo párroco de Dolores. Gracias al contacto que tuvo con los trabajadores de la hacienda en su infancia, la mayoría de ellos indígenas; Hidalgo aprendió muchas de las lenguas indígenas habladas en la Nueva España. Dominaba el otomí, náhuatl y el purépecha, ya que la zona de Pénjamo era una de las regiones con mayor diversidad de grupos indígenas. Todos estos conocimientos le permitieron a Miguel Hidalgo impartir clases de latín y filosofía; al mismo tiempo que seguía sus estudios. Como que era medio aferrado para aprender. Una vez que los culminó, trabajó en su alma mater (como le dicen a la escuela en la que uno estudió) desde 1782 a 1792, muchas veces como tesorero, otras como maestro y desde 1790 como rector.

En 1778 Miguel fue ordenado sacerdote; al recibir las órdenes sagradas ocupó varias parroquias, hasta que a la muerte de su hermano Joaquín, en 1803, lo sustituyó como cura de Dolores, en Guanajuato. Esta muerte lo marcó, pues veía en Joaquín un gran ejemplo y sentía por él gran admiración.

A inicios del siglo XIX, Hidalgo confió a un vicario su curato de Dolores y se dedicó a la agricultura y a la industria. Realizó el cultivo de la uva, de la que hoy se recogen en aquella comarca considerables cosechas, y promovió la cría de gusanos de seda. Poco después, siendo cura, fundó una fábrica de loza, otra de ladrillo, talleres de diversas artes; mandó construir mesas de concreto para el curtimiento de pieles. Difundió la cría de las abejas, alentaba a sus feligreses para que estudiaran artes como pintura, literatura, dibujo, escultura, danza y, sobre todo, música, de la que era gran aficionado. Miguel era un personaje atractivo; de espíritu noble y simpático; ayudaba y aconsejaba a sus feligreses en la medida de sus capacidades, su cultura, su manera amable y humana. Además, su noble sencillez y sus acciones a favor del progreso del pueblo conquistaron el cariño de los habitantes. Trabajador del campo y de su iglesia durante el día, por las noches seguía estudiando libros de historia y filosofía, entre otras materias, igual que cualquier hombre de sociedad. En cualquier momento, como jugando, se mostraba ante las personas como un hombre cautivador, tanto por su cultura, sus ideas innovadoras, su bondad de corazón y su audacia en lo que se planeara.

Expresaba a menudo, durante sus misas, la inconformidad que el pueblo de Dolores le transmitía y que él veía con claridad; demostraba sin recato su desapego a algunas ideas de la Iglesia. Por supuesto que eso atrajo la atención de la Inquisición (la policía de la Iglesia de España) y pusieron su vigilancia en él.

La invasión de Francia a España en 1808 generó en el Virreinato de la Nueva España (¿Ya sabes que así se llamaba México?) una crisis política tremenda en el mismo 1808. Se vino primero el derrocamiento del virrey José Joaquín Vicente de Iturrigaray y Aróstegui a manos de los propios españoles. A esto lo siguió la captura y ejecución de políticos afines a las ideas independentistas, como Francisco Primo de Verdad y Ramos y el fraile peruano Melchor de Talamantes. En lugar de Iturrigaray fue nombrado virrey el mariscal de campo Pedro de Garibay; y casi luego, lueguito, en mayo de 1809, Garibay fue sustituido a su vez por el arzobispo de México, Francisco Xavier de Lizana y Beaumont.

En diciembre de este mismo año se descubrió la Conjura de Valladolid, conspiración cuyo único fin era crear una junta que gobernara el virreinato en ausencia del rey de España, Fernando VII, preso en Bayona, España. Los culpables de la Conjura de Valladolid fueron arrestados y sentenciados a muerte; el virrey Lizana les perdonó la vida, condenándolos a cadena perpetua.

Debido a este perdón, Lizana fue destituido en abril de 1810 por la Junta de Gobierno de Sevilla, España. Como nuevo virrey fue designado un militar participante de la Batalla de Bailén, el teniente coronel Francisco Xavier Venegas de Saavedra, proveniente de Badajoz, España.

En 1808 se documentó en Dolores la llegada de un agente francés al servicio del general Moreau, enemigo de Napoleón. El agente dio su nombre como Octaviano D'Almibar, dijo que estaba en misión rumbo a los Estados Unidos de América y en octubre del mismo año desapareció sin dejar huella alguna. Entre la gente de la Nueva España le llamaron el fantasma Morado y llegaron a decir que se aparecía por las noches, llevando en la mano la cabeza sangrante de Napoleón.

Cuando Andalucía, España, cayó en manos de los franceses, en la primavera de 1810, toda España ya estaba en poder del ejército napoleónico. La Arquidiócesis de Zaragoza, encargada de los asuntos religiosos en toda la metrópoli, ordenó a los párrocos de todo el Imperio predicar en contra de Napoleón.

A mi mente vienen recuerdos de atardeceres lluviosos en la hacienda. Caminos de tierra blanda con charcos de lluvia que se forman en las praderas de Corralejo, alrededor de los pastizales y en las caballerizas de los ranchos donde hay un gran caballo marrón, seguro un macho joven por su corpulencia y más grande que el otro, color crema.

Traen ornamentos sobre la crin peinada, lo que demuestra su condición de animales de tiro, por no mencionar su porte, galanura, gallardos y briosos, son los mejores adjetivos de tan hermosos corceles.

Frente a los ranchos y caballerizas, sólo a unos pasos, está la casa, la entrada a la hacienda, que custodian dos hermosos abetos: ahí vivimos la familia Hidalgo y Costilla.

En un pequeño kiosko de madera de pino es donde nos reunimos la mayoría de la familia para celebrar comidas y aniversarios. Siempre es alegre tener la casa llena porque se siente viva como si le gustara a la hacienda misma.

¿Cómo olvidar los juegos y las empapadas junto con mi hermano Miguel, alrededor de la pileta del patio?

Los recuerdos de juventud son el tesoro más apreciado o más celoso que tiene un hombre cuando llega a ser adulto, pero nunca se olvida de que aquel jovencito soñaba con ser grande para realizar muchas cosas. Ahora sé que no era tan fácil como lo imaginábamos de chicos.

No cabe duda de que lo que se vive a esta edad te marca para toda la vida. Sin importar qué tan importantes o insignificantes sean las vivencias que tenemos de chicos, cada una de ellas tiene su lugar.

Recuerdo que los habitantes de Corralejo tenían la inquietud por indagar y conocer la vida cotidiana de los demás habitantes, que no era otra cosa que ser buenos vecinos entre unos y otros.

La vida en Corralejo transcurría en ocasiones veloz y en otras lenta sin que pasara nada, pero se iba viviendo. De la niñez a la adolescencia en un suspiro. De la juventud a la madurez en un parpadeo. Y de ahí, a la vejez donde con un gran bostezo se acababa el día.

¿Pero todo eso no sería mejor si viviéramos en un país libre, en donde no tengamos que pedirle permiso a un rey o a una reina, en el que nuestro trabajo, nuestro suelo y nuestra tierra fueran sólo del pueblo?

Por eso seguí, creí y luché a lado del hombre más valeroso que pudo haber iniciado esta guerra de Independencia que ya otros, como Miguel y yo, hemos efectuado; por ese hombre que dio la vida por sus feligreses, por su pueblo; para que las generaciones siguientes crezcan en este país que tiene tantos paisajes y atardeceres encantadores, que más de un artista desearía crear en sus lienzos. Fue en este país donde nació la leyenda del libertador.

Miguel creció dentro de una familia unida y amorosa, criado en medio de la tranquilidad del campo en una familia humilde e inteligente. Recuerdo la vida en la hacienda de Corralejo con cariño, ahí fue donde nació mi amor por la naturaleza, por los animales de granja y del campo. Mi padre nos enseñó las labores campestres y fue así como Miguel alcanzó un profundo gusto por los rudos trabajos agrícolas, y afecto hacia los hombres que ayudaban a mi padre.

Todo lo aprendido en aquella hacienda de Corralejo se reunió en su corazón y jamás se le salió. Por supuesto que, como tú me comprenderás, también hizo travesuras que le costaron varias sanciones y no es que él las buscara: solitas se le daban. Mi hermano Miguel me contó que, después de ordeñar a una vaca, tarea que le había encomendado mi papá, mi hermano descansaba cerca del establo; vio la puerta de la hacienda abierta y decidió salir un rato a inspeccionar los alrededores. Al salir, recuerda que vio un gran paraje, verde, lleno de árboles y colores; le llamó la atención. Fue por un cuadernillo y un lápiz y se regresó al paraje. Al llegar a aquel paraje, era como si no existiera el tiempo, como si el mundo se hubiera detenido. Vio a la distancia una vereda, un tipo de camino que subía y bajaba por un cerro. A Miguel se le hizo fácil seguir el paisaje, pues tenía esa espinita de ser aventurero y a todo le entraba o, más bien, decía que quería ser como Odiseo, el personaje de hazañas del libro escrito por Homero. Ya sabes, la historia griega en la que Odiseo quiere regresar a su tierra, una isla llamada Ítaca, después de participar en la Guerra de Troya. Pero hace enojar al Dios del Mar, Poseidón, y el camino a su casa se llena de criaturas mitológicas que harán todo lo posible para detenerlo; sin contar que a veces sus acompañantes eran bastante torpes, insensatos o desafortunados, perjudicando aún más el viaje. Lo interesante de esta historia es que Odiseo es un hombre inteligente e ingenioso que salía invicto de bretes y atolladeros. Así era Miguel, desde niño supo cómo salir de problemas y meterse en otros. Tenía, sin duda, un corazón valiente. Además leía bastante y disfrutaba de las historias mitológicas, fantásticas y mágicas; también lo apasionaba mucho la Biblia y la vida de Cristo, el cual era su mayor ídolo; bueno, de toda la familia, tanto así que dedicamos nuestra vida a la Iglesia, aunque ella nos olvidara después en el campo de guerra.

En fin, te contaba que Miguel vio una vereda que llamó su atención; decidió ir a inspeccionar. Se metió muy adentro del paraje y llegó un momento en que, al voltear, vio que no reconocía el lugar y tampoco recordaba cómo volver a casa. Miró el paraje y vio a la distancia a un niño indígena, vestido con ropa harapienta y sin zapatos. El muchachito lloraba y, al ver esto, Miguel le preguntó en voz alta que si estaba perdido, pero al parecer el niño no hablaba español. Miguel le hizo señas con la mano para que se acercara; pero en vez de ir hacia Miguel, corrió hacia el otro lado, perdiéndose entre los matorrales. El niño Hidalgo intentó seguirlo, pero recordó que si se alejaba, se perdería aún más.

En vez de asustarse y preocuparse por estar perdido, Miguel se sentó en un tronco y, cuando empezaba a dibujar el paraje, mejor decidió escribir un título y, abajo, su nombre. El muchacho Hidalgo, inspirado en su encuentro con aquel niño indígena, se puso a escribir una historia. Gustaba de la literatura, en especial de cuentos y poesía.

El pequeño harapiento
MIGUEL HIDALGO

Por las tardes, cuando el sol se ponía, el pequeño harapiento se paraba junto a la puerta del gran almacén del pueblo.

La fealdad de su vestimenta contrastaba perfectamente con las paredes blancas y rústicas en las que se apoyaba. Era delgado, tenía el cabello largo y una mirada de otra edad.

Cada tarde, el pequeño harapiento se quedaba parado al costado de la puerta de madera, mirando cómo la gente entraba y salía acompañada por el vaivén de esa misma puerta que parecía decirle que no, que él no podía comprar nada, que era inútil entrar pues el dinero no llegaba a sus bolsillos.

Aun así, no faltaba jamás a esa especie de cita con otra vida.

La gente lo conocía, pero la mayoría hacía de cuenta que no, entraban y salían del almacén como si el niño fuera una parte de la construcción. Pocos, muy pocos, se detenían a hablar con él y menos, muchos menos, los que ofrecían algo de comer.

"La pobreza incomoda a la gente", pensaba el pequeño con la madurez propia de quien no puede darse el lujo de tener infancia.

De todos modos, no sufría demasiado la indiferencia de la gente, no iba al almacén precisamente en busca de sobras ni compasión: buscaba algo mucho más grande que una limosna.

Como de otro mundo, observaba cada movimiento que se producía en el comercio.

Miraba los cestos de mimbre llenos de frutas secas. No le importaba el ceño fruncido de las nueces, la apariencia ajada de las almendras, ni la dureza de las avellanas. Le parecían finísimas perlas de color oscuro que habían escapado caprichosas de un collar.

El aroma del pan recién horneado era el perfume más exquisito que jamás hubiera olido, no se comparaba con el de ninguna flor; sólo era superado por el de las galletas dulces que también ahí vendían. Sentir ese aroma era viajar a otro lugar donde nada podría ser malo.

El niño miraba cómo el dueño atendía con esmero a cada persona y observaba cada movimiento que éste hacía.

Disfrutaba de todo. Amaba ver cómo el azúcar caía como nieve diminuta y brillante en las bolsas de papel madera que luego, cuidadosamente, el dueño cerraba con dos nuditos que al pequeño le parecían orejitas de ratón.

De las golosinas... podía pasar horas mirando los colores y formas de los caramelos dentro de los grandes frascos de vidrio. Caramelos blandos, duros, chupetines, todo a su alcance y todo tan lejos.

Era una fiesta mirar esa danza de aromas, texturas, sabores y colores. Una danza que el niño no podía bailar, pero que disfrutaba como espectador.

Quesos, panes, dulces, frutas, verduras,

galletas, un universo maravilloso, una bocanada de aire fresco que aspiraba con desesperación tarde a tarde.

Cuando cada día el sol cedía paso a la luna, el niño emprendía el largo camino a su casa. Caminaba más de una hora, pero no le importaba.

Cierto era que el camino de ida le parecía más corto. La ansiedad de llegar hacía que no notara la distancia, pero el regreso... el regreso era diferente.

Por un lado, volvía casi ebrio de aromas y sensaciones, con el alma satisfecha, no así el hambre. Por el otro, le resultaba doloroso pensar en el contraste de su realidad con aquella que dejaba tras el vaivén de la puerta de madera.

Todos los días, el niño regresaba por la nochecita a su hogar. Lo recibía una vivienda humilde, una familia pobre y, casi siempre, el mismo plato de comida.

En su hogar no había aroma a pan ni a galletas, tampoco quesos, ni dulces. La cocina de su vivienda humilde no conocía cómo danzaban las verduras y las frutas, ni cómo coqueteaba el chocolate con el café, mucho menos el espectáculo maravilloso que representaban los caramelos y chupetines.

Cada tarde, el niño imaginaba que podía haber otra vida para él. Tal vez algún día, quizá en el futuro, traspase la puerta de madera y entre a otra vida en la cual pueda saborear una realidad más dulce, picante o salada, y con aroma a café y pan recién horneado.

Una vez que hubo terminado su cuento, Miguel escuchó varios gritos que lo llamaban por su nombre, buscándolo. Era don Cristóbal, su padre y la gente de la hacienda que, de seguro, al no verlo en casa por la tarde, salieron a buscarlo. Le iba a ir como en feria; volvió a escuchar los gritos, ahora más cerca y respondió. Fueron a su encuentro y regresó a la hacienda pero, claro, ya con castigo en puerta. Bueno, ni modo, a fin de cuentas, en esa expedición Miguel se encontró con su lado literario y ya había escrito su primer cuento.

Miguel Hidalgo siempre estudiaba la historia y la filosofía. Además, su figura de eclesiástico le daba ciertos privilegios que otros no tenían, como hacerse de libros secretos por contactos que él tenía, libros prohibidos por la Inquisición y el gobierno de la Nueva España. Estuvo al tanto de las noticias que se originaban de la guerra de Independencia de Estados Unidos de América y cómo ganaron su libertad. Leía con fervor a grandes pensadores franceses como Rousseau, Voltaire o Montesquieu, quienes habían participado de forma intelectual en la Revolución Francesa.

No estaba permitido hablar de república ni de ideas de independencia. Cualquier persona sospechosa de hacerlo, a los ojos de la Inquisición, era investigada, procesada injustamente y puesta en prisión, sin importar su posición social, fueran criollos, profesores o burocracia novohispana.

Las ideas de independencia, revolución y libertad circulaban en la cabeza de

Hidalgo de forma constante y, así como él, había más gente que simpatizaba con esos principios ideológicos. Aquel espíritu independentista provocó que personajes ilustres, pensadores y militares inconformes con el régimen de los españoles, se reunieran por una misma causa: la formación de una nación.

Fue así que, desde 1808, el militar Ignacio Allende, el industrial Juan Aldama y el militar José Mariano de Abasolo se reunían para discutir y acordar una forma eficaz de iniciar la campaña de la Independencia. Mientras tanto, en Querétaro se gestaba una conspiración organizada por el corregidor Miguel Domínguez y su esposa, la corregidora Josefa Ortiz.

Allende fue el encargado de convencer a Hidalgo de unirse al movimiento, ya que el cura de Dolores tenía amistad con personajes muy influyentes de todo el Bajío e, incluso, de la Nueva España, como Juan Antonio Riaño, intendente de Guanajuato, y Manuel Abad y Queipo, obispo de Michoacán. Por estas razones se consideraba que Hidalgo podría ser un buen dirigente de la acción. Hidalgo aceptó y, a partir de ahí, celebraban frecuentes reuniones en las que se trataba nada menos que de proclamar la independencia de México; Hidalgo sometía, a consideración de sus compañeros insurgentes, sus planes políticos. En Dolores, mandó elaborar lanzas con ayuda de feligreses que lo seguían y apoyaban, además de enviar emisarios a distintas partes del país con la misión de propagar el principio revolucionario. Por supuesto, todo esto se llevaba a cabo en el más estricto secreto.

Durante estas juntas se decidió que Allende fuera el que promoviera las juntas secretas en San Miguel, pero después las juntas se trasladaron a Querétaro, promovidas por Allende; el plan de guerra de Independencia se fue alargando, debido a las diferencias que existían entre Allende e Hidalgo. Ya se empezaban a mostrar ciertas maniobras no muy nítidas por parte de Allende.

Este grupo celebraba juntas disfrazadas de "academia literaria". Entre sus miembros se encontraban también el presbítero José María Sánchez; los abogados Parra, Altamirano y Laso, Francisco Araujo, Antonio Téllez e Ignacio Gutiérrez; los comerciantes Epigmenio y Emeterio González, el regidor Villaseñor Cervantes, el capitán Joaquín

Arias, el teniente Francisco Lanzagorta y el teniente Baca.

La organización quedó de la siguiente manera: Allende como general, Aldama como segundo e Hidalgo al frente del movimiento popular. Sus primeros pasos serían la destitución de todos los españoles en los puestos de gobierno, apoyados por un levantamiento que se llevaría a cabo el 1º de octubre de 1808.

La Conspiración de Querétaro fue denunciada, el 9 de septiembre, por el empleado de correos José Mariano Galván. Al día siguiente, el propio capitán Joaquín Arias, al creer que todo estaba perdido, se denunció él mismo ante el alcalde Juan Ochoa. Hubo otras denuncias que llegaron al comandante Ignacio García Rebolledo, y fue de esta manera que se presionó al corregidor Domínguez para catear la casa de los comerciantes Epigmenio y Emeterio González, en donde supuestamente los denunciantes decían estar las armas escondidas. Cuando entraron, se encontró armamento almacenado y los González fueron arrestados.

Doña Josefa tuvo tiempo de enviar como mensajero al alcalde Ignacio Pérez para poner en sobreaviso a los conspiradores que se encontraban en San Miguel el Alto. Mientras tanto, en Querétaro se hicieron prisioneros a más conspiradores, incluyendo a los corregidores. Nacho Pérez cabalgó la noche del 15 de septiembre hasta San Miguel, logrando contactar a Juan Aldama, quien de inmediato se trasladó a Dolores, lugar al que llegó en la madrugada del domingo 16 de septiembre para informar las malas noticias a Allende e Hidalgo.

Fue así como alrededor de las 5 de la mañana, Miguel Hidalgo, decidido, ordenó que se tocaran las campanas de la parroquia, llamando a misa, recurso para convocar a sus feligreses del pueblo, rancherías y alrededores. Fue así que la gente se reunió afuera de la iglesia donde ya estaba Hidalgo esperándolos. Entonces, pronunció las gloriosas palabras que, según Lucas Alamán, historiador mexicano, se gritaron aquella madrugada. El cura Hidalgo gritó con voz en pecho:

Mírense las caras hambrientas, los harapos, la triste condición en la que viven. Nosotros somos los dueños de estas tierras. ¡Viva la religión! ¡Viva nuestra madre santísima de Guadalupe! ¡Viva Fernando VII! ¡Viva La América y muera el mal gobierno! ¡Qué viva la Independencia!

A este llamado a la insurrección, el pueblo respondió: "¡Viva la Virgen de Guadalupe y mueran los gachupines!"
Iniciaron, entonces, la marcha hacia la libertad.

Desde joven, Miguel fue de corazón noble y le gustaba trabajar. Recuerdo que un día me contó que en época de cosecha, Joaquín tiró su horquilla, un tanto harto del trabajo y dijo:

—¿Cuál es la finalidad de que estemos aquí haciendo el trabajo de los indios que contrata mi papá?

Miguel lo miró y le contestó:

—Yo también estoy cansado.

Joaquín renunció a trabajar bajo el rayo enérgico del sol.

—Yo aquí le paro, mi Miguel.

—Apilemos la cosecha primero —dijo Miguel—, como se lo prometimos a nuestros padres.

—¿Sabes qué? Te pasas de bueno, mano —reparó Joaquín—. Yo, la verdad, ya me jodí mucho.

Miguel se le acercó, llevando aún su horquilla en la mano izquierda. Levantó la derecha y señaló hacia el medio cuerpo de Joaquín.

—Mira, hermano, hazlo por la ropa que traes puesta y la que tienes en tu guardarropa. Por tus gastos, tu caballo, tu alimento... Pero eso es lo de menos: hazlo por todos los que estamos aquí. En especial por tu dignidad y la de nuestros padres... Nada más.

Sin decir palabra, Joaquín recogió su horquilla y siguió trabajando en silencio. Se detuvo un momento, se acercó a Miguel y le dio con la mano derecha un leve golpe en la espalda. Y ambos se pusieron a reír. Así, pues, apenas la cosecha hubo quedado a salvo, los dos fueron a avisar a mi padre. Le dieron un beso a él y a su madre, para después irse, cada uno con tres pesos que les pagaron por el trabajo. Prometieron volver a casa al atardecer; se encontraron con el primo Matías en la entrada y salieron los tres.

Al ir de paseo, encontraron una zanja de desagüe; eran los alrededores de un cementerio a las afueras de Corralejo. Así que como reto se propusieron echar una siesta en aquel lugar y, el primero que renunciara, sería gallina desplumada durante dos semanas y estaría de esclavo del otro. Antes de quedarse dormidos, Miguel se internó en ese lugar para leer los nombres y las dedicatorias de las lápidas. Se tropezó con un ataúd y vio que la fosa estaba apenas comenzada y las herramientas a un lado.

Y se dijo: "Algún indio pobre, sin amigos, será sepultado en su tierra que siempre ha merecido; no es posible que lo hayan dejado así".

Así es que se despojó de su saco, tomó la pala y quitó medio metro de tierra; en ese momento apareció un gachupín barbudo muy alto. Por lo menos así lo vio y le dijo:

—¿Qué estáis haciendo? Este cadáver que veis ahí me debía un peso y no lo dejaré sepultar hasta que su familia me pague.

Un tanto enojado, Miguel le respondió:

—Pero cómo le van a pagar si él ya no vive más y su familia dependía de su trabajo para comer y comprar ropa.

El español barbudo soltó una carcajada y dijo que no era su problema, que además el indio no era digno de ningún entierro; por lo que sería mejor dejarlo ahí, para que los perros lo desenterraran y se lo tragaran.

Como Joaquín se había acercado y escuchado el intercambio de palabras, censuró el comentario del barbudo, dirigiéndole una grosería. Ambos se pusieron frente a frente, casi nariz contra nariz, a punto de empezar los golpes. Cerca estaba Matías por si era necesario arremeter contra el gachupas. Miguel se interpuso:

—Aquí tiene su peso, señor. Usted váyase; a este muerto lo conocíamos. Era trabajador de mi padre, quien nos mandó a terminar el trabajo de entierro.

El hombre barbudo, incrédulo, preguntó:

—Joder, niño, que no te creo nada. ¿Quién es vuestro padre?

—Cristóbal Hidalgo y Costilla, administrador de la hacienda de Corralejo —dijo Miguel enérgicamente.

—Hombre, siendo así... pues te dejo trabajar y, caray, no te preocupes, guárdate el peso que ya se ha olvidado todo, faltaba más.

El barbudo se alejaba cuando Miguel lo llamó y le dijo:

—No, señor, tome su peso si es verdad que... —mi hermano hizo una pausa y continuó e inventó un nombre— ... Juan le debía ese dinero. Mi padre nos ha enseñado que la gente que trabaja para él es parte de nuestra familia y por ello también sus deudas.

El hombre se acercó dudoso y tomó, con mano temblorina, el peso que mi hermano le mostraba. Después se fue de inmediato.

Desde entonces, mi hermano Miguel

supo cómo manejar su circunstancia social para el bien de los demás. Volvió a tomar la pala mientras Joaquín, Matías lo veían trabajar, admirados del temple y seguridad para enfrentar a alguien más del doble que él. En ese momento fue que nació la admiración por su hermano Miguel. Matías, mi primo, miró a Joaquín y se levantaron al mismo tiempo y fueron a ayudarle a Miguel a enterrar a aquel hombre. Después de que concluyeron, rezaron un Padre Nuestro y se fueron los tres a la sombra de un manzano, se tiraron a descansar y a echarse una siestecita.

Después de unos cuartos de hora, ciertos lloriqueos los despertaron, buscaron de dónde venían y vieron que había una niña sentada al lado de la tumba que habían cavado. El primero en levantarse fue Joaquín y se dirigió hacia la niña.

—Hola, ¿ese señor era tu padre? —preguntó, pero la niña no respondió. Se limitó a ver a Joaquín mientras lloraba.

—¿Hablas español? —dijo, pero ella siguió llorando.

Miguel y Matías caminaron hacia donde estaba Joaquín y coincidieron en que ella no hablaba español. No los podía entender pero había algo en sus ojos que los tres distinguieron. Ellos coincidieron en que era como si les agradeciera por haber enterrado al hombre aquel y en quien más fijaba su mirada era en Miguel.

—No, ella no habla español —dijo una voz que se escuchó detrás de unos matorrales.

En ese momento salió un niño moreno de cabello oscuro y unos ojos grandes como los de la niña llorona.

—¿Quién eres tú? —cuestionó Joaquín.

—Me llamo Tonatiuh y ella es mi hermana Citlalli.

Tonatiuh corrió hacia donde estaba parado mi hermano Miguel y se abrazó a sus pies, mientras decía:

—Haré lo que tú me pidas. De ahora en adelante soy tu criado.

Al escuchar esto, Miguel lo levantó de inmediato y le pidió que no volviera a hacer eso nunca, ni ante él ni ante nadie. Que con un simple gracias era suficiente. Miguel le dio la mano, se juntaron los cinco y caminaron hacia el árbol de manzano donde habían dormitado y hacía buena sombra. Se presentaron con Tonatiuh y se sentaron.

—¿Era tu padre, verdad? —dijo Miguel; Tonatiuh contestó:

—Sí y no sé cómo agradecerles lo que hicieron por él, bueno por mí, digo, por nosotros, en especial a ti —señalando a Miguel—. Nadie antes había hecho eso; nunca lo había visto —y se echó a llorar.

Miguel lo tomó del hombro y se quedaron en silencio. Creo que en esos momentos las palabras están de más; sólo queda acompañar a la persona y no decir nada. Lo mismo hicimos cuando murió nuestra madre.

Después de unos minutos, Tonatiuh contó su vida, sentados bajo el gran manzano:

—Somos de Guanajuato, mis padres fueron esclavos de unos terratenientes del lugar. Mi madre murió cuando dio a luz a mi hermana y mi padre quedó al cuidado de nosotros. Después le dio una enfermedad rara que le paralizó una pierna y dejó de trabajar, por lo que los amos nos echaron del rancho. Así que tuvimos que irnos a una posada cerca, muy cerca de aquí, y fue allí donde empeoró; no podía mover ninguna de las dos piernas y así le era imposible trabajar. La deuda de la posada se infló, por lo que el casero nos echó, el tipo barbudo ese que vieron cerca de la tumba de mi padre, burlándose. Mi papá murió a un lado de aquella posada porque no tuve fuerzas para llevármelo en los hombros. A cualquiera que pasaba por ahí le pedía ayuda, pero nadie nos hacía ese favor. Mi padre murió una tarde lluviosa; el tal casero lo vino a enterrar hasta acá nada más porque unos soldados le dijeron que como había muerto en su territorio, él debía hacerse cargo. Mi hermana y yo nos escondimos ese tiempo; robé algo de comida de la posada sin que me viera el señor. Me metí por la ventana del baño de huéspedes cuando no había nadie; luego lo seguí hasta este lugar, a la tumba de mi padre. Cuando ustedes llegaron, fue a comer, por lo que yo aproveché para agarrar la piedra más grande que encontré —Tonatiuh sacó de su morral una roca, enseñándosela a los tres.

—¿Qué, lo ibas a matar? —le preguntó Miguel.

Tonatiuh no pudo contestar; sólo miró a Miguel con lágrimas que le escurrían.

De lo que voy a contar, la culpa fue de la tía Gertrudis, hermana de mi papá. La tía estaba de buen humor aquella mañana y le regaló al niño una "pelucona", moneda de bastante valor para un muchacho, por haberse encargado de echarle una carta al correo y de llevarle unos paquetes.

—Cómprate unos dulces o vete al teatro —dijo la tía.

Miguel bajó por la calle mirando, pensativo, la moneda. Tras complicados cálculos mentales, llegó a la conclusión de que podía permitirse el lujo de hacer las dos cosas que le había propuesto su tía.

En cuestión de caramelos, Miguel tenía un criterio cerrado. El chico opinaba que la cantidad era más importante que la calidad. Por añadidura, tenía catalogadas todas las dulcerías a varios kilómetros a la redonda.

Sabía cuál era espléndida, aunque excedieran un poco del peso debido, y también cuál era la que se atenía exactamente a lo que se pedía.

Era curioso de ver, en verdad, cómo contemplaba el chico la importante operación de pesar los dulces. Su cara solemne, su mirada ávida. Y casi no cabe decir, después de lo expuesto antes, cómo conocía y se alejaba de cualquier establecimiento. Esta vez, con su pelucona en el bolsillo, se detuvo ante el escaparate de su tienda favorita y permaneció cinco minutos absorto en la contemplación de los dulces.

Los atractivos eran unas bolas verdosas a las que su rótulo daba el nombre de "Bolitas de pistache", y éstas se disputaban la supremacía del corazón, estómago y bolsillo de Miguel, con las de otras bolas de colores. El precio para nada afectaba el resultado, ya que ambas se vendían a dos centavos los cien gramos, precio máximo que Miguel estaba dispuesto a pagar por dulce. Sus compras habituales rara vez ascendían a más de un centavo. Cabe mencionar que los centavos tenían mucho más valor de lo que valen hoy en día; es decir, servían.

—¡Hola! —exclamó el tendero.

—Tengo algo de dinero esta mañana —dijo Miguel, con la misma expresión que hubiera podido asumir el más acaudalado hacendado de Corralejo.

Observó cómo pesaban los dulces verde pistache; vio, con satisfacción, que echaban un dulce más después de haber alcanzado el peso correspondiente; cogió luego el precioso paquete y, metiéndose un par de dulces en la boca, salió de la tienda.

Chupando y disfrutando su dulces con lentitud, dirigió sus pasos calle abajo, en dirección al teatro que se encontraba a lado de la parroquia del pueblo. Miguel tenía la costumbre de frecuentarlo, pues le apasionaba, le gustaban mucho las puestas de teatro de obras de Shakespeare, de Lope de Vega y los clásicos griegos; desde esa edad era ya un prodigio en la cultura universal. Pero aquella tarde se presentaba una nueva obra de uno de sus dramaturgos favoritos: Calderón de la Barca. Quién diría que años después, durante la guerra de Independencia que él iba a iniciar, perdería la batalla, justo en un lugar llamado Puente de Calderón en Guadalajara. Qué ironías tiene la vida.

No había asistido a un espectáculo que le emocionara tanto, aunque cada que podía se escapaba de la Hacienda para ver las obras; claro, iba también con sus papás pero no lo llevaban tan seguido. Esa tarde el programa resultó emocionante y más estando solo; disfrutaba más.

Primer acto: unos bandidos que, al salir de una casa, miraban arriba y abajo de la calle, cautelosos, encogidos, replegados en sí mismos, como preparados para atacar en cualquier momento.

Luego, después de tantas precauciones, avanzaban, deslizándose por su camino, pero de una manera que hubiera llamado la atención en todas partes a cualquier hora.

La trama era complicada: Los perseguían los soldados; cogieron un carruaje (de papel) en marcha y, a continuación, sin motivo que lo justificara, saltaron a otro carruaje desde el que, al final, se tiran al río. Claro, Miguel se emocionó. Sentado e inmóvil, miraba el escenario con ojos muy abiertos, fascinado. A pesar de la emoción, sus mandíbulas no dejaban de moverse mascando dulces; de vez en cuando, la mano del chico se deslizaba en la bolsita que tenía sobre las piernas, para sacar y meterse a la boca una "bolita de pistaches".

El acto siguiente tenía por tema la leyenda de amor de una campesina, en la que figuraba una linda joven, a la que necesitaba para amores el dueño de aquellos terrenos, un muchacho cuyos bigotes lo delataban como "traidor".

Tras varias peripecias, la jovencita fue conquistada por un simple campesino, con rústico y pintoresco traje. Las emociones de éste se reflejaban en unos movimientos, tan grandiosos, que requerían una habilidad atlética impresionante. Por último, se veía al "traidor" en una celda de la cárcel, deslucido por completo; pero capaz de toda clase de movimientos malabaristas con las cejas.

Después se concedió al auditorio con otra historia de amor. Esta vez, era la exposición de dos personas de noble corazón, a las que una serie de malas interpretaciones y equívocos —posibles sólo en una puesta en escena— tenía alejados. Contribuían a la separación el orgullo virginal de la protagonista y la vanidad viril del héroe; aquello los obligaba a ocultar sus bríos bajo un gesto frío.

El primo de la protagonista manoteaba ante cualquier acción de ambos como testimonio de arcángel sensible. Era cariñoso y guardián con su hermana huérfana y, a último minuto, fue él quien se encomendó en demostrar a los dos el amor que habitaba en el pecho de cada quien. Resultó conmovedor y otra vez Miguel se emocionó.

Siguieron actos que se inclinaban más hacia lo cómico. Comenzó por un trabajador solitario, que pintaba una cerca y acabó en una variedad de personas de distintas clases sociales, cubiertas de pintura, que se caían escaleras abajo, unas encima de otras. Era cómico y Miguel se divirtió, riendo mucho.

Por último, apareció la afligida historia del declive de un hombre en la embriaguez más denigrante. El borracho empezó siendo un muchacho alocado, vestido de etiqueta, que bebía mucho vino y participaba en los juegos de mesa; terminaba convertido en un anciano decrépito, que aún tomaba y jugaba a las cartas. Tenía una hija cuya cara era muy expresiva. La pobre niña pasaba el tiempo llore y llore, pidiéndole a su padre que llevara una mejor vida hasta que el hombre se desespera de los reclamos de su hija y le estrella una botella de vino en la cabeza. Después, el hombre riega con lágrimas la cama del hospital en el que está su hija. También se arranca los cabellos, alza los brazos hacia Dios, se golpea el pecho y estrecha a su hija contra su pecho, de manera que no era de extrañar que, después de todo ello, la niña se pusiera aún peor y dijera: "Adiós, padre; no pienses en lo que hiciste. Te perdono". Después la niña muere.

Miguel respiró con profundidad al final y, sin dejar de comer sus dulces, se puso en pie y salió del teatro de la parroquia junto con las demás personas.

Ya en la calle, miró cauteloso a su alrededor, como viera en la obra, y se deslizó calle abajo, en dirección a su casa. Dio media vuelta y deshizo lo andado, corriendo por una callejuela. Esto lo hacía para despistar a sus perseguidores imaginarios. Sacó luego una vara del bolsillo y, apuntando al aire, disparó dos veces. Dos de aquellos perseguidores suyos cayeron muertos; los restantes siguieron corriendo hacia él con más energías.

El tiempo se terminaba. Corriendo, a su vez, como el viento, bajó por la calle siguiente, dejando atrás a un señor de edad, acariciándose un pie y maldiciendo con maravillosa volubilidad, pues Miguel le había dado un pisotón de verdad. Al acercarse a la puerta del jardín de la hacienda, Miguel volvió a sacar la vara del bolso del pantalón y, mirando hacia atrás y disparando al mismo tiempo, franqueó la puerta con agilidad. No sabía que su padre lo estaba esperando en casa.

Don Cristóbal tenía un dolor fuerte de cabeza. Se puso la mano derecha en la frente y le dijo a Miguel:

—¿Dónde has estado toda la tarde?

—Salí un rato a pasear, padre —contestó con humildad—. No hice más que ir un rato a caminar por el pueblo. Sí, terminé de apilar la paja y acabé, te iba a pedir permiso, pero no te vi y luego...

—¡Bueno, ya! —dijo don Cristóbal.

Como el resto de la familia, temía la elocuencia de Miguel.

—¿Qué es eso que tienes en la lengua? A ver, ¡muéstramelo...!

Miguel obedeció. El color de su lengua estaba más verdosa que el lomo de un caimán.

—¿Cuántas veces tengo que decirte —dijo su padre— que no quiero que te pases el día comiendo basura?

—No es basura —reparó Miguel—. Son unos dulcecitos que me dio mi tía Gertrudis porque le hice el favor de ir a la oficina de correos a llevarle una carta y...

—¡Basta! ¿Tienes más basuritas de esas?

—No son basuritas —aclaró el chico—. Son muy ricos. Prueba uno y verás. Son unos dulces que me dio tía Gertrudis porque le hice el...

—¡Miguel! ¿Dónde están? Dámelos.

Poco a poco, como no queriendo la cosa, Miguel sacó la bolsa de papel con los dulces. Su padre la cogió y la tiró lejos, entre los matorrales. Durante los siguientes diez minutos, el muchacho llevó a cabo un registro completo y sistemático en las hierbas hasta dar con sus dulcecitos extraviados y, luego, lo que quedaba del día se la pasó consumiendo "bolas de pistache" y tierra del jardín. Se fue a la pradera de detrás de la hacienda y se subió a lo alto de una pared para terminar de comérselos.

Un amigo de Ignacio Allende, llamado Felipe González, mantenía los ideales de independencia y libertad; cada que se encontraban, aquellos temas salían en las conversaciones; en una de esas pláticas en las que se reunían, Felipe le sugirió a Allende que invitara a un sacerdote de prestigio, cuya investidura y autoridad disipara cualquier tipo de incertidumbres.

Además, Allende ya había escuchado varios comentarios del padre Miguel Hidalgo y Costilla, por lo cual, junto con el capitán Aldama, decidieron ir a buscarlo. Llegaron a Dolores y, por casualidad, lo encontraron en medio de una tertulia muy agradable y acompañado, bailando con una bella mujer y, bueno, como el derecho canónico se lo permitía, pues el alegre cura Hidalgo aprovechaba esos encuentros furtivos. Hidalgo iba a cuanta fiesta le invitaban; podía ir tanto a una fiesta de la sociedad adinerada, como a celebraciones del pueblo.

El cura, durante la guerra de Independencia, se hizo fama de aplicar juicios rudos e injustos, que no tenía clemencia en castigar a los españoles que caían presos en las batallas. Pero en fin, aquellas acusaciones sólo fueron generalidades sin mucho fundamento. El cura nunca estuvo en contra de los buenos españoles que demostraban ser justos y honrados. El reclamo del cura de Dolores era más bien contra los malos españoles, aquellos que explotaban a los indios y que estaban saqueando las riquezas minerales del país.

En sí el padre Hidalgo jamás atentó contra la vida o la dignidad de los españoles nobles y buenos en el fondo y que sí querían al pueblo de la antigua Nueva España.

Cuando Juan Aldama e Ignacio Allende vieron por primera vez a Miguel Hidalgo, se dieron cuenta de manera definitiva de por qué lo llamaban El Zorro; de entrada, ambos militares quedaron impresionados por su porte y fortaleza, pero no por marrullero, sino por la astucia que tenía el padre para los juegos intelectuales.

Una vez que se vieron los tres: Hidalgo, Aldama y Allende, el cura intuyó que tenían noticias y algo importante que decirle; así que en aquella reunión Miguel Hidalgo se acercó a los dos oficiales con copas de vino en las manos e inició la conversación y percibió que algo traían entre manos. Bueno, de inicio Aldama y Allende le demostraron su admiración y respeto por el compromiso que tenía con los pobres, con la salud de éstos, con su educación, sustento y también con su cultura. Cabe decir que, como ya sabemos, al padre Hidalgo le fascinaba el teatro; es así que en su casa montaban obras —en especial de Molière— y organizaba conciertos. Muy a propósito, la parroquia del cura y, en especial su casa, eran conocidas como La Pequeña Francia o Le Petite France.

Con lo que sabían Allende y Aldama acerca del padre Hidalgo, daban por hecho que compartía los ideales de libertad e independencia. Ignacio Allende se atrevió a hablarle de forma abierta sobre el movimiento subversivo, aunque notó, al principio, a Hidalgo un tanto cauteloso porque supuso que el cura pensaba que aquello podría ser una trampa. Además, ya hacía tiempo que la Inquisición quería llevarlo a juicio, precisamente por sus reclamos de igualdad y libertad. Aún con este recelo inicial, el capitán Aldama decidió comentarle a Hidalgo sobre la junta independentista que se gestaba en San Miguel el Grande donde, por cierto, también tomaba parte su hermano, el abogado Ignacio Aldama y algunos otros militares de menor rango.

Al principio, a Hidalgo no le gustó el movimiento subversivo de Allende y sus seguidores, le parecía poco serio; el cura los idealizaba como soldaditos de plomo, acicalados, casi como si estuvieran listos para un desfile militar. Hidalgo se caracterizó por sus bromas y su humor chispeante.

Al final, Allende y Aldama convencieron al cura de Dolores para que se uniera a la causa libertaria, aunque no fue nada fácil. Los dos gallardos militares conversaron con él un largo rato y entre copas de vino y tabacos, quedó convencido; es más, fue tal el entusiasmo de Hidalgo que los abrazó y les ofreció hacer armas y cañones en sus talleres.

A propósito, el origen de esos talleres es muy interesante. Cuando el obispo Antonio de San Miguel le asignó la parroquia de Dolores, que había sido la iglesia de su hermano Joaquín, le designaron ocho mil pesos anuales; con ese dinero, Hidalgo invirtió para plantaciones de gusano de seda, en talleres de alfarería, carpintería, curtiduría, herrería. Se propuso enseñarle a los lugareños actividades que contribuyeran a elevar su nivel de vida y su cultura, cosa que nadie había hecho antes y que le ganó la antipatía de varios ricos que no compartían de ninguna manera la idea de ayudar a los pobres.

Miguel Hidalgo era un buen administrador; más bien tuvo que aprender porque se vio en la necesidad de manejar los negocios de la familia Hidalgo a la muerte de su padre y de su hermano Manuel, quien era el administrador. El padre tuvo fama de ser un buen hombre de negocios; obviamente cuando lo embargaron no pudo hacer nada ni tuvo qué producir. Por órdenes de Carlos IV, que se había unido a Napoleón para atacar Inglaterra, el virreinato de la Nueva España ordenó el embargo de muchas personas, entre ellas la familia Hidalgo, para que los monarcas financiaran la guerra.

Por ello aumentó el descontento, a Hidalgo le molestaron demasiado los abusos del gobierno español. Su hermano Manuel perdió todas sus propiedades en la Ciudad de México, cuestión que lo llevó a estados de locura y la esposa de éste tuvo que internarlo en un hospital psiquiátrico en donde moriría tiempo después. Cómo no iba a enfurecer Hidalgo, cómo no iba él a pensar en la independencia, si tenían como rey a un tirano que se arrodillaba ante la nobleza francesa. Fueron momentos difíciles en extremo para el cura, pero determinantes para que su decisión se inclinara al levantamiento armado.

Volviendo al punto en que se conocen Allende e Hidalgo, éste, por supuesto que no iba a aceptar una invitación a una rebelión sin conocer a Aldama y Allende; el cura sabía a la perfección quiénes eran, en especial este último. Sabía que el capitán Ignacio Allende era el comandante de Los dragones de la reina, un regimiento de caballería de élite que estaba en San Miguel, que provenía de una acaudalada familia española, que era viudo y que tenía un hijo con la señora Antonia Herrera; simpatizaba desde hacía mucho con la idea de la independencia. Esta información se la proporcionaba Felipe González, amigo de ambos; sí, el mismo que le sugirió conectarse con don Miguel.

Ahora, pasando al tema de cuando la conjura de Querétaro fue descubierta, no se conoció así nada más: los delataron, fueron traicionados y ocurrió en el momento en que llega a la Nueva España el virrey Francisco Javier Venegas, los primeros días de septiembre de 1810. A su arribo en Veracruz, lo primero que le informaron fue acerca de la conspiración y, sin titubeo alguno, mandó a hacer de inmediato una investigación.

Las órdenes llegaron a Querétaro y Guanajuato, donde el intendente Juan Antonio Riaño ordenó al comandante principal de la plaza que investigara al cura Hidalgo. A pesar de que el intendente Riaño era amigo de Hidalgo, desde el principio sospechó de él, precisamente por eso, porque conocía las ideas de don Miguel, aparte de que se juntaban, platicaban sobre los sucesos en España, hablaban de arte y de cultura; Riaño era un gran promotor de las artes. A pesar de ser gran amigo de Hidalgo, no impidió que le mandaran un espía para investigarlo, aunque hay que tomar en cuenta que Riaño era intendente y tenía el deber. Además, los rumores de independencia cada vez eran más fuertes y, por otro lado, el cura Hidalgo no era muy discreto que digamos; era un tanto hablador en las fiestas y con varia copas se le soltaba la lengua, se volvía indiscreto, además de jacarandoso con las damas con quienes, ya en la cama, a veces les platicaba de sus ideas libertarias.

Allende siempre sostuvo, y varias veces se lo dijo a Hidalgo, que pecaba de indiscreto y refería que el cura y el intendente Riaño comentaban mucho acerca de los sucesos de España y cómo los iban a afectar. Allende reclamaba también que don Miguel aprovechaba cualquier ocasión y más en reuniones y tertulias para externar sus ideas liberales.

Hidalgo y Riaño comentaban que después de que Napoleón nombrara a José I rey de España, éste iba a autonombrarse emperador de la Nueva España y se apoderaría de las riquezas del país. Cada que podía, el cura citaba esta razón, entre otras tantas, para la guerra de Independencia. Hidalgo exponía que aquello no era una indiscreción; pero Allende no pensaba así: decía que el cura les daba detalles, contaba que era necesario una junta de ciudadanos, criollos, mestizos e incluso indígenas para gobernar el virreinato en ausencia de Fernando VII.

Como ya se vio, a Hidalgo le gustaba hablar un poco de más, así como le gustaba también picarle la cresta a Riaño. Cuando el cura Hidalgo le mencionaba la palabra independencia, Riaño se ponía colorado, haciendo divertir al cura. Y pues cómo no, si el intendente era español, orgulloso de sus orígenes, además de que era militar condecorado y elogiado en la milicia; por eso se indignaba con los comentarios punzantes de Hidalgo. Además, Riaño era mojigato y muy celoso de sus deberes. En una ocasión, cuando Miguel Hidalgo fue a Guanajuato, Riaño llevó al cura a mostrarle un edificio que estaba haciendo para contener ahí el alimento de la población. Era una fortaleza y un almacén al mismo tiempo con estratégicos puntos para la defensa. Se trataba de la futura Alhóndiga de Granaditas.

A pesar de esta fortificación, los insurgentes atacaron, tomaron la Alhóndiga y fue uno de los triunfos más importantes al inicio de la rebelión. De manera absurda, el mismo lugar de sus triunfos resultó el de su degradación, pues las cabezas decapitadas de los rebeldes se exhibieron en este mismo lugar como escarmiento para aquellos que osaran sublevarse contra la corona.

Tal infamia fue ordenada por el general Félix María Calleja, suceso irónico porque Ignacio Allende sirvió bajo las órdenes de Calleja en Texas, obvio, años antes de la rebelión. Pero no es de sorprenderse, puesto que el hermano menor del cura Hidalgo, José María, estuvo en el ejército realista y de hecho contribuyó a la derrota de los insurgentes en Aculco y en la de Puente de Calderón. Allende conoció al hermano de don Miguel, era famoso por ser un militar valiente. Po supuesto que durante la guerra, Hidalgo ya no volvió a ver a su hermano; la guerra dividió a la familia: Mariano y don Miguel en el ejército insurgente y José María en el realista.

La guerra es así, muchas deshonras y atrocidades difíciles de imaginar, incluso los insurgentes cometieron muchas, como en la toma de Guanajuato, a manos de la turba encendida.

Aunque había una atenuante: los insurgentes fueron aconsejados por el Cura para recabar armas, dinero, joyas, objetos de valor, alimentos, ya que las tropas rebeldes necesitaban fortalecerse con esos medios. Sin embargo, en tales tareas no faltaron aquellos a los que se les pasara la mano, matando personas, saquendo indebidamente, extendiéndose hacia casas que no era necesario tocar. De alguna manera, aunque muchos aplicaron las órdenes de Hidalgo, otros se desbordaron, se le fueron de las manos. Pero cabe decir que cuando Allende y sus conjurados decidieron nombrar a Hidalgo para manejar su ejército, sin ser él estratega ni militar, les dijo con toda claridad lo siguiente: "Que se ponga por base la libertad de la nación y el goce de aquellos derechos que el dios de la naturaleza concedió a los hombres. Derechos inalienables que deben sostenerse con ríos de sangre si fuese preciso". Allende, Aldama, Abasolo y otros dirigentes aceptaron las condiciones del cura y luego se lavaron las manos.

Allende, Aldama y demás conjurados eligieron al cura Hidalgo como figura principal, por la imagen nítidamente libertadora que representaba Hidalgo para el pueblo. Sin embargo, Allende expresó que se cometieron errores imperdonables durante la iniciación de la guerra de Independencia. Además de que la premura con la que tuvieron que iniciar el movimiento, obligados, no ayudó mucho. En rigor, su ejército no era disciplinado a la manera militar, sino que se fue conformando en el camino de la lucha.

A propósito de esto, resulta una extraña coincidencia que una de las primeras conspiraciones que buscaba también independizar a México, fue descubierta un 15 de septiembre, la de Juan Guerrero en 1794. En aquella ocasión los implicados fueron arrestados, enjuiciados y algunos de ellos fusilados. Tal pareciera que el 15 y el 16 de septiembre han sido destinados a ser fechas clave, míticas, hasta mágicas, en la consecución de la Independencia de México; mismos días, diferentes años, tres conspiraciones descubiertas: la de Juan Guerrero, la de Francisco Primo de Vergara y la de Hidalgo, Allende, Aldama y demás insurgentes; en cada una de ellas siempre hubo un traidor. Tal parece que la traición envilece al hombre y todos aquellos cobardes no saben que es más importante el llamado de la patria. Un insurgente valeroso, don Vicente Guerrero, precisó: "La patria es primero".

En los momentos antes del Grito de Dolores, los conspiradores sabían a lo que estaban expuestos y también presumían cuál podría ser su desenlace. Allende se dirigió a Dolores la mañana del 15 de septiembre pues quería externarle sus inquietudes al cura Hidalgo porque estaba al tanto de que el gobierno ya había descubierto los planes. Don Miguel le propuso a Allende que, para no levantar sospechas, debían continuar con sus actividades cotidianas. Así que el padre dispuso una habitación al capitán Ignacio Allende en el curato y lo invitó a que pasara algunos días con él en Dolores, a tal gesto Allende agradeció mucho.

Tanto continuaron haciendo actividades cotidianas que el cura Miguel Hidalgo asistió a una fiesta a la casa de don Carlos de Odeso, un hombre muy rico que invitó al cura a jugar una partida de manilla (una forma primitiva de póker). Como no pocas veces, a Hidalgo se le pasaron las copas y para no hacer ningún desmán, se retiró temprano, alrededor de las 11 de la noche. Había que estar alerta en el curato. Precisamente Allende estaba en el curato cuando, alrededor de las 2 de la mañana irrumpieron unos hombres; el capitán salió de inmediato de su habitación para ver de qué se trataba. Se encontró con Aldama, Abasolo y el alcalde Ignacio Pérez, quien antes había ido a buscar a Allende a San Miguel el Grande, llevándole un mensaje de la corregidora doña Josefa Ortiz. El mensaje era que habían sido delatados y que existía orden de aprensión contra los insurgentes. De inmediato, Allende fue a avisarle al cura y, al entrar en la habitación, se encontró con que Hidalgo estaba dormido en su cama y a su lado una dama entrepiernada a él, aparte de las varias botellas de vino tinto vacías que se encontraban en la cómoda de la cabecera. De cualquier manera, Allende se vio en la necesidad de despertar al líder de los independentistas, para darle la noticia que había traído la generosa corregidora. La mujer se despertó, se terminó una copa de vino, se vistió, sin importarle que Allende la viera, le dio un beso a Miguel y se fue de inmediato.

En cuanto se enteró el padre Hidalgo, lo primero que hizo fue llamar a su fiel hermano Mariano, puesto que él se encargaba de la fabricación del armamento y, bueno, el cura les dijo a los ahí reunidos que debían lanzarse a la guerra de inmediato. Algunos historiadores afirman que cuando el cura Hidalgo les sugirió a los jefes insurgentes que se lanzaran a la lucha, Allende y Abasolo tuvieron miedo. Esta afirmación es una tremenda ridiculez, pues lo que caracterizaba a estos dos hombres era su valentía; lo que pasaba era que Ignacio Allende propuso otras acciones: creía que lo mejor era no precipitarse. Es así que Allende pensó que lo adecuado en ese momento era poner sobreaviso a los implicados en la conjura para que tomaran las providencias necesarias.

El padre Hidalgo les dijo que debían en ese mismo momento lanzarse a la lucha, puesto que de otra forma serían arrestados y con gran seguridad ejecutados o, si alguien lograba sobrevivir, sería perseguido como forajido con todo y familia. Así que el cura, todavía con los vapores del vino rondándole la cabeza, los miró a los ojos y les dijo: "Señores, estamos perdidos, no queda más recurso que ir a aprehender gachupines". Esas palabras definieron la disyuntiva. Los contagió a todos en el curato de Dolores. En ese momento sabían que era posible terminar con una sociedad dividida y crear, entre todos, una nación digna e independiente.

Mi familia era muy tradicionalista; además de católicos, muy devotos. Por eso mis dos hermanos, tanto Joaquín como Miguel, se inclinaron por la profesión eclesiástica. Pero hay dos anécdotas que marcan a mis hermanos, en especial a Miguel, por las cuales decidieron que se querían dedicar al sacerdocio, todavía siendo pequeños.

Fue una vez en que Miguel y Joaquín fueron a jugar al piso de arriba, ellos estaban en un pequeño cuarto en la parte más alta de la casa y cerraron la puerta. Joaquín la cerró de golpe y el cerrojo mohoso se deslizó en su lugar, y entonces ambos sintieron temor de no poder lograr abrir la puerta para salir de nuevo.

Joaquín intentó empujar varias veces el cerrojo para atrás, pero no pudo. Entonces le permitió a Miguel intentarlo; pero él tampoco pudo hacerlo. Joaquín intentó de nuevo y, cuando Miguel vio que él no podría empujar el cerrojo hacia atrás para destrabar la puerta, empezó a desesperarse. Golpearon y golpearon la puerta y llamaron tan fuerte como podían para que alguien viniera y les ayudara a salir, pero nadie escuchó.

Mis hermanos empezaron a asustarse de que tendrían que quedarse allí toda la noche. Joaquín intentó confortar a Miguel; pero Miguel seguía desesperado, y pronto Joaquín también empezó a desesperarse. Después de un rato, Joaquín le dijo:

—Miguel, oremos a Dios para que nos ayude a abrir la puerta.

Miguel dejó de desesperarse y ambos se arrodillaron; Joaquín oró en voz alta y le pidió a Dios que les ayudara a abrir la puerta. Entonces, se levantaron y fueron los dos juntos y tiraron con todas sus fuerzas del cerrojo y éste se deslizó hacia atrás y la puerta se abrió.

En otra ocasión, Jorge, amigo de infancia y vecino, estaba saliendo a la calle, y su madre le dijo:

—No vayas al río. Tengo miedo de que te ahogues ahí.

No sé lo que el niño respondió a su madre, pero me temo que él pensó en su corazón: "No importa lo que mi madre dice; iré al río"; él salió y se encontró con Miguel, y los dos fueron al río. Mientras ellos iban derrapando despacio, se encontraron a otro muchacho que les dijo:

—¿A dónde van?

Jorge dijo algo tonto, pero siento que se trataba de una broma:

—Estoy yendo al infierno.

Miguel era más grande que Jorge por dos o tres años. Ambos tomaron una canoa para pasear por el río. Estaban por completo solos. Fueron a un lugar donde una vez hubo un puente para que la gente cruzara a pie o a caballo el río. Parte del puente se había caído; pero todavía estaban algunos postes dejados allí, permaneciendo en el agua; y muy pronto la barca pequeña golpeó contra uno de estos postes y la desestabilizó: los dos muchachos cayeron al agua. Por más que se esforzaban, la corriente los alejaba y gritaron para que alguien viniera a ayudarlos. Llegaron a un sitio más hondo y donde la corriente era más potente. Pero nadie estaba cerca.

Miguel sabía nadar poco pero, después de cruzar la corriente y evitar los remolinos de agua, consiguió llegar a la orilla; entonces ideó correr hacia donde había visto a unos hombres y rezaba porque todavía estuvieran ahí; y sí, ahí estaban a punto de partir. Los llamó y llamó; algunos se acercaron y Miguel les explicó el problema y les pidió que vinieran; los hombres corrieron tan rápido como pudieron, pero cuando llegaron al lugar no pudieron encontrar a Jorge. Se había hundido en el agua y se había ahogado. Miguel fue y le contó a la familia que su pequeño se había ahogado. Miguel tenía el corazón casi roto de dolor al pensar que ya había muerto mientras estaba haciendo semejante cosa mala. Él murió mientras estaba desobedeciendo a su madre y a Dios. "Quizás su padre y su madre no lo habían visto, pero Dios lo hace", pensó Miguel.

La familia y gente del pueblo buscaron y buscaron el cuerpo de Jorge, pero no pudieron encontrarlo durante dos o tres días. Después de ese tiempo, lograron ver su ropa, que se había enganchado en unos arbustos a la orilla del río. Era su cuerpo. ¿Y dónde estaba su alma? Nadie puede ir al cielo con un corazón malo; Miguel tuvo muchísimo miedo de que Jorge fuera a ese lugar terrible donde había dicho que iba.

Miguel le contó a su mamá tan terrible noticia una vez que le había avisado a la familia de Jorge. Ella, siendo una mujer muy considerada, tomó a su hijo de la mano y se sentaron —en ese momento estaba también nuestro hermano Joaquín, y les dijo:

—Ay, niños, oren todos los días a Dios para que les dé nuevos corazones y los haga aptos para ir al cielo. Si ustedes oran con todo su corazón, si ustedes lo desean mucho y lo piden por medio de Jesús, Dios escuchará su oración y les dará un nuevo corazón. Él lo ha dicho así en la Biblia.

Una vez que Miguel escuchó aquellas palabras de su mamá, nunca más habría de olvidarlas y hasta antes de su muerte, cada día, cuando iba a la escuela, cuando estuvo lejos de casa y durante el levantamiento armado que desató la guerra de Independencia, siempre rezó. Inclusive antes de su muerte se encomendó a Dios.

Miguel Hidalgo tuvo grandes influencias para desarrollar sus ideales libertarios. El más influyente fue sin duda Guillén Lombardo o como se le conocía de forma más amplia: Guillén de Lamport. Este vínculo Lombardo-Hidalgo nos dará un umbral más grande del porqué el cura de Dolores quiso pasar a la historia como un valiente libertador, un héroe al igual que su predecesor independentista, pues también le debemos a don Guillén Lombardo el que haya sido el primer conspirador contra el gobierno de los españoles.

William Lamport nació en Wexford, un neblinoso puerto irlandés situado al sur de la isla británica, en el año 1615, según la versión histórica más aceptada, porque su hermano, por razones que nunca han quedado del todo claras, sostenía que 1611 era el verdadero año de nacimiento del intrépido William. Era hijo de Richard y Anastasia, y nieto de Patrick, un famoso viejo inglés, católico y acaudalado, que había invertido parte de su fortuna en comprarse un castillo con vistas a la bahía de Rosslare, al sur de Wexford. El viejo Patrick era un fanático de la escaramuza y se alistaba en cualquier manifestación donde hubiera que batirse cuerpo a cuerpo; en su biografía consta, por ejemplo, su participación en la batalla de Kinsale, aquel episodio histórico donde el ejército irlandés se batió contra 3 300 soldados españoles que desembarcaron en la isla bajo las órdenes de don Juan del Águila.

Desde niño, William Lamport se sintió contagiado por el espíritu justiciero de su abuelo; oía durante horas un monólogo donde el viejo Patrick, mientras paseaba por sus jardines y decapitaba de cuando en cuando una rosa con la punta de su bastón, desmontaba sus ideas sobre la justicia o contaba detalles de sus escaramuzas, como aquellos (por cierto, todavía no comprobados) de que don Juan del Águila cargaba en la grupa de su caballo una jaula donde iba un ave como la de su apellido, o la de que los soldados españoles, antes del combate, sacaban brillo con dientes de ajo a sus espadas. El viejo Patrick ignoraba, o quizá no y lo hacía a mansalva, que aquellas historias que contaba mientras iba descabezando las rosas que con tanto esmero cuidaba su mujer, más las metamorfosis que experimentaría su nieto en dos libros del futuro, terminarían transformando a William en un superhéroe latino.

Para equilibrar la educación rijosa que le impartía su abuelo, William Lamport estudió con los agustinos y los franciscanos en Wexford y después, como los hijos de la burguesía irlandesa de entonces, viajó a Dublín para inscribirse en el colegio de los jesuitas. En 1628, su padre, Richard, alarmado porque los días de su hijo en la capital oscilaban entre la indolencia y el diseño mental, y ocioso, de proyectos inviables y enloquecidos, lo matriculó en una escuela en Londres con la idea de que un cambio de aires y de nieblas le hiciera, a sus trece años cumplidos, sentar cabeza.

Pero en cuanto William cruzó el mar de Irlanda, o más bien cuando iba cruzándolo, se interesó por la historia que contaba un marinero de sable y pañoleta en la cabeza, una historia verídica sobre las injusticias que sufría la gente común bajo el gobierno de Oliver Cromwell. Al oír aquello, William, que no perdía detalle del relato ni de las montañas de Snowdonia que se veían en el horizonte, sintió cómo se le disparaban la conciencia social y el gusto por la escaramuza que le había implantado su abuelo en sus paseos por los jardines de Rosslare. Nada más al tocar tierra inglesa en el puerto de Portsmouth, aceptó la invitación que le hizo el marinero para que se enrolara en la tripulación de otro barco donde todos llevaban también sable y pañoleta, y parche en el ojo los más clásicos. Así que durante varios meses, William Lamport participó en toda clase de asaltos y abordajes y, copiando las maneras de aquella tribu de piratas, se fue convirtiendo en un maestro de la espada y en un espadachín experto, hasta que una tarde, conmovido por lo que él conocía como Tower of Bregon, que era la Torre de Hércules, pensó que ya había tenido suficiente de esa aventura canalla y regaló pañoleta y sable, y bajó por la escala del barco al puerto de Coruña, España.

Ahí dejó, de forma temporal, la vida que le habían contado en los jardines de Rosslare y retomó la que deseaba para él su padre, inscribiéndose en el colegio de San Patricio, que además de ser el nombre del santo patrón de Irlanda, era el de su abuelo, y ya metido en el tema de los nombres decidió modificar el suyo. Lo reorientó hacia uno que tuviera más que ver con el paisaje gallego y así fue como, después de algunas vueltas, William Lamport se transformó en Guillén Lombardo, y a partir de la españolización de su nombre combinó sus estudios en San Patricio con la espada y la escaramuza en diversos campos de batalla. Primero se enroló en uno de los regimientos irlandeses que peleaban bajo las órdenes de la Corona, y más tarde, ya con el colegio abandonado, ingresó como capitán en la Armada española y al poco tiempo protagonizó batallas heroicas en Nördlingen, en 1634, y en Fuenterrabía, en 1638. Para ese año, Guillén ya había escalado niveles en el organigrama monárquico y se había convertido en consejero y espadachín del duque de Olivares, el ministro principal de Felipe IV. Los frutos militares de William o Guillén están registrados con escrúpulo en los anales de The Honourable Society of the Irish Brigade, una sociedad dedicada al estudio de los regimientos o soldados irlandeses que han prestado servicios fuera de su país.

En 1643, el duque de Olivares cayó en desgracia y Guillén Lombardo fue enviado a México con la misión de averiguar si el ex virrey apoyaba secretamente una rebelión en Portugal. Unos meses después de su bulliciosa llegada a México, Lombardo fue arrestado, fugazmente juzgado y de inmediato encarcelado por las fuerzas de la Inquisición; se le acusaba de brujería, de conspirar, junto con una banda de indios y esclavos negros, contra el gobierno, y de haber orillado a la ex virreina al adulterio. Esa primera estancia en la cárcel duró siete años y le sirvió para proyectar, enaltecido por su banda de indios y negros, un movimiento independentista, y también para aprender astrología y perfeccionar su brujería. ¡Una joya aquel irlandés de Wexford!

El 26 de diciembre de 1650, valiéndose de la baraja, la pócima y la espada, escapó de prisión y durante los siguientes días, antes de que la Santa Inquisición volviera a aprehenderlo, organizó a las fuerzas autóctonas para hacer la guerra de Independencia; Guillén, igual que su abuelo Patrick en Irlanda, no toleraba que un imperio pisoteara de esa forma a un pueblo.

Durante sus siguientes nueve años de encierro escribió varios libelos contra la Inquisición y cerca de mil salmos en latín que al día de hoy aún siguen inéditos. El 19 de noviembre de 1659, Guillén Lombardo, que había sido William Lamport, fue condenado a muerte en la hoguera. Amarrado de pies y manos al palo y con las lenguas de fuego alcanzándole los pies, se las arregló para estrangularse antes de que tuviera lugar la indignidad de morir quemado. La fama de Lombardo se expandió por todo el mundo colonial y sirvió de inspiración para varias revueltas, algunas íntimas y patrióticas, como aquélla de fray Diego de la Cruz, un franciscano irlandés que oficiaba misas en Managua, y que fue llevado a la cárcel en el momento en que elevaba desde el púlpito una oración por el alma de Guillén.

De esta manera, William Lamport, aquel héroe irlandés que nació en el puerto de Wexford, fue objeto de la más paradójica de las celebridades: la de ser mundialmente famoso con otra patria, otro nombre, otra cara y otra historia. Este señor fue la más grande influencia para el cura de Dolores, pues don Miguel Hidalgo supo de Guillén y adoptó sus ideas libertadoras. Por ello es importante nombrarlo puesto que en los libros de historia don Guillén ha sido poco a poco olvidado de los anales de nuestra historia y por eso vale la pena recordar la vida de un hombre que sembró la ideas para una nación libre y soberana.

En una de las varias ocasiones en que el joven Miguel se escapó del colegio de Valladolid y la cual fue la última, pues después de la siguiente historia que te contaré sobre mi hermano, tuvieron que expulsarlo. Miguel siempre fue muy inquieto, valiente y muy afortunado, además de que era tan astuto, de ahí que se ganara el apodo de El Zorro.

Se salió del colegio por la noche, según él porque no podía dormir y quería ir a inspeccionar los terrenos aledaños; cerca del colegio donde estudiaba, había un bosque grande que Miguel atravesó de pie en plena oscuridad con una linterna en mano. La vela de la linterna ya estaba a punto de consumirse y eso no lo había previsto el futuro Padre de la Patria. Lo que no sabía Miguel es que el bosque estaba lleno de víboras y coyotes, además de los maleantes que vivían en esas zonas. Luego de unos minutos, vagando por el bosque, de nuevo como cuando era niño, Miguel se perdió.

Además la vela se terminó y quedó en plena oscuridad y en ese momento se cayó en un agujero.

Cuando se dio cuenta de que ya estaba en el suelo, vio que era una especie de cueva que estaba alumbrada por distintas antorchas y velas en sus paredes. Ahí había un hombre barbudo que le dijo:

—Caray, muchacho, cómo es que has llegado aquí, a esta cueva de ladrones. En esta cueva es donde nos reunimos la gente que roba las diligencias de los ricos españoles.

—Tengo que salir de aquí. Debo volver al colegio, soy estudiante; mira, aún tengo el saco de mi uniforme —dijo Miguel.

—Sí, ya veo, pero lo malo será cuando regresen mis hermanos; son un tanto violentos, ya sabes, algo salvajes.

A lado del barbudo, había una gran olla de barro arriba de una fogata y despedía un olor bastante apetitoso. El hombre de barbas largas le ofreció algo de comer a Miguel:

—¿Tienes hambre?

—¿Ahora no puedo salir? —preguntó Miguel.

—No, muchacho, ahora no.

El barbudo cogió un plato hondo y comenzó a servir de lo que se estaba cocinando dentro de la gran olla.

—Debes comer algo, en lo que decido qué hacer contigo —dijo el hombre barbudo y prosiguió:

—¿Sabes?, yo soy cocinero y muy bueno. Esto es un muy rico guisado de conejo; ven, prueba.

Un poco desconcertado por la caída y la prontitud de la hospitalidad de aquel hombre, Miguel tomó el plato y una cuchara de madera que le ofreció, agradeciéndole tal detalle; además tal caminata le había despertado el apetito al joven Miguel. Lo probó y le gustó el sabor de aquel guisado. El hombre barbudo se le quedó viendo y le dijo:

—Ahora no puedes salir; mis hermanos están allá afuera y si te ven, seguro te quitarán hasta los calcetines. Son un par de malhechores.

Miguel, quien seguía comiendo el guisado de conejo que le había dado aquel hombre le dijo:

—Vaya, este platillo sí que está muy bueno.

—¿Así lo crees? —dijo un poco emocionado el hombre de barbas.

—Sí, no hay duda, eres un excelente cocinero con muy buena sazón. No entiendo por qué tú también eres ladrón —repuso Miguel.

El hombre contestó un tanto molesto:

—Yo no soy ladrón.

—¿Entonces por qué estás aquí con tus hermanos?

—Porque ellos me cuidaron de niño, son mayores que yo y creo que les debo que siga vivo en este mundo. Además, ellos sólo les roban a los españoles y gente rica; con los pobres y los indígenas no se meten.

—Pero si tú eres un muy buen cocinero, ¿por qué no intentas trabajar en algún lugar como cocinero? —exclamó Miguel.

—No, jamás —repuso el hombre—. Yo no cocinaría para los gachupines ni para toda esa gente adinerada; ellos son los causantes de que ahora vivamos en esta cueva. Ellos, el gobierno y el virrey nos quitaron nuestras tierras, todo lo que teníamos, nuestras casas que nos habían heredado mis padres y por eso mis hermanos decidieron convertirse en ladrones y vengar lo que nos hicieron.

—Pero no todos los españoles son malos —dijo Miguel.

—Tal vez, pero no le van a preguntar a toda esa gente que roban si son buenos o malos. Nuestro coraje sigue a flor de piel, muchacho; tú no entiendes porque tienes una vida tranquila y feliz. De seguro eres hijo de algún empresario o persona acomodada.

—Mi papá es hacendado de Corralejo pero todo lo que es, se lo ha ganado con su trabajo sin ayuda de nadie.

—Pues esperemos que el gobierno no les quite nada a ti o a tus hermanos cuando muera tu padre, tal y como nos pasó a nosotros. Será mejor que te escondas antes de que vuelvan mis hermanos; no quiero que te hagan daño. Me has caído bien y noto que eres un buen muchacho.

—¿Dónde puedo esconderme? —dijo Miguel.

—Ahora te llevaré pero con cuidado porque tenemos que salir de la cueva —dijo el cocinero barbudo.

Miguel se terminó rápido su plato de guisado de conejo, satisfecho del rico sabor, lo que agradó a su nuevo y descuidado amigo y salieron juntos con cuidado de la cueva. El hombre prendió una pequeña antorcha y guió a Miguel hacia donde podía esconderse. Era una especie de choza abandonada que tenía unas cobijas y ropa abandonada dentro.

—Cuando yo me peleo con mis hermanos, vengo a este lugar y al calor de una fogata me olvido de los problemas y pienso en cómo combinar algunos guisados —expuso el hombre.

Miguel le agradeció la ayuda y le extendió la mano, a lo que el hombre le respondió estrechándosela, mientras decía:

—Es mejor que pases la noche aquí, muchacho; ahora es peligroso que vuelvas a tu colegio del que de seguro has de haberte escapado.

—¿Cómo lo sabes? —dijo Miguel, extrañado. A lo que el hombre contestó:

—Vamos, muchacho, quizá ahora viva en una cueva, pero no soy un tonto ignorante. Los españoles pudieron llevarse todo lo material, pero nunca mi mente ni mi corazón y algún día, no sé cuándo, llegará el hombre o los hombres que podrán vencerlos y los colocarán en su lugar. Escúchame, muchacho: algún día seremos libres, no lo dudes. Es más, quizá te toque a ti vivir esos momentos, nunca se sabe.

Miguel escuchó atento las palabras de

aquel hombre, quien ya se alejaba antorcha en mano. El joven se metió a la choza, se sentó y, mientras pensaba en la historia de aquel barbudo y cómo terminó en lo que era ahora por culpa del gobierno español, se quedó dormido.

MIGUEL GREGORIO Antonio Ignacio Hidalgo y Costilla y Gallaga Mandarte Villaseñor tuvo tres mujeres con las que procreó varios hijos.

Su primera mujer fue la joven Manuela Ramos Pichardo, con quien tuvo dos hijos nacidos en Valladolid, probablemente por la década de 1770: Agustina y Lino Mariano Hidalgo y Costilla y Ramos Pichardo. Agustina se casó con el guerrillero insurgente coronel Encarnación Ortiz, apodado El Pachón, y no tuvo descendencia.

Su primer hijo varón, Lino Mariano Hidalgo y Costilla y Ramos Pichardo, al igual que su padre, participó en la guerra de Independencia como coronel del ejército insurgente. Se casó en 1820 con la señora Petra Aboites; procrearon tres hijos que nacieron en la ciudad de México: Román Alejo, Juan Antonio y Guadalupe Hidalgo y Costilla y Aboites. Juan Antonio se casó con Ángela Villaseca, tuvieron una niña. Concepción, quien en su momento se casó con Antonio Zamora y no hubo descendencia. Guadalupe Hidalgo y Costilla y Aboites nació en 1834, permaneció soltera y fue la que recibió los homenajes del Centenario de la Independencia de 1910, murió en la ciudad de México el 27 de diciembre de 1920 en su casa de la calle Uruguay 146.

De su primera familia, sólo su nieto Román Alejo tuvo descendencia que permanece hasta el presente. Se casó con la señora Concepción Medinilla Montes de Oca, con quien procreó siete hijos, nacidos todos en la ciudad de México: Hipólito, Petra, Pánfilo, Antonio, Francisco, Roberto y Juan Hidalgo y Costilla y Medinilla Montes de Oca.

La segunda mujer de don Miguel Hidalgo, doña Josefa Quintana Castañón, le dio dos hijas: María Josefa y Micaela Hidalgo y Quintana. María murió en la adolescencia. Micaela se casó con el doctor Julián Mendoza, tuvieron dos hijos: Ignacia y Francisco de Mendoza Hidalgo. Ignacia murió sin dejar descendencia y su hermano se casó tres veces, en total tuvo ocho hijos.

La tercera mujer de Miguel Hidalgo fue Bibiana Lucero, quien le dio un hijo varón nacido en Guanajuato en 1789, Joaquín

Hidalgo y Costilla, murió en México a la edad de 94 años en la casa 17 de la segunda calle de Lerdo. Él se casó con Soledad Quijada y tuvieron a Agustín Hidalgo y Costilla, quien estuvo casado con Soledad Marroquín y tuvieron hijos cuyo paradero se desconoce.

No hay que olvidar que el cura Hidalgo siempre promulgó y difundió el matrimonio para los sacerdotes, ideas que por supuesto la Iglesia reprobó, al igual que la Santa Inquisición y a partir de la segunda mitad del siglo XIX, la práctica del matrimonio para los curas se satanizó, quedando ante los ojos del pueblo católico como algo pecaminoso e indulgente. Es muy probable que si estas prácticas matrimoniales no se hubieran abolido, hoy en día habría muy pocos sacerdotes pederastas, y no serían noticias en los periódicos.

Al día siguiente del escape de Miguel de su colegio, se despertó y vio a lo lejos las torres del colegio mismo. Así que se levantó, se acicaló un poco y salió de la choza que, a la luz del día, no se veía tan abandonada como cuando la vio por la noche.

Así que cuando Miguel regresó al Colegio de San Nicolás Obispo, ya lo estaban esperando el prefecto y el director y, en cuanto supieron que había llegado el joven Hidalgo, no vacilaron en llamarlo y que se dirigiera a la oficina del rector. Fue así que una vez que Miguel se presentó ante los académicos y le comunicaron que salirse del colegio era falta grave, aunque no definitiva, lo iban a expulsar de forma temporal, es decir, alrededor de una semana en la que tendría que viajar a Corralejo con su padre para que firmara una carta que el colegio le daba por la falta cometida, la cual tenía que traer de vuelta a la escuela con la firma de su padre.

Miguel aceptó su culpa y el castigo, así que para esa tarde le habían pedido un carruaje para que lo llevara hacia Corralejo. Lo que no sabían era que mi hermano tenía otros planes en mente, por lo que en una parada técnica, Miguel se escapó a medio camino y empezó su andar mientras se decía a sí mismo que su padre no debería saber que se había escapado del colegio y, mientras, esa semana se dedicaría a la expedición de la tierra de Valladolid. No sabía hacia dónde dirigirse ni a cuánta distancia estaba del colegio o de la hacienda de Corralejo, pero él se iría caminando.

A medida que avanzaba sin rumbo, la tierra se hacía cada vez más árida, las praderas habían dado paso al polvo y el polvo a un casi desierto, seco y un tanto olvidado. Siguió su larga y sinuosa marcha hasta que en un momento vio un lago de color verdoso y notó a la distancia a un hombre en un bote y Miguel le gritó:

—¡Oye, barquero! ¿Puedes llevarme a la otra orilla de este lago?

El barquero volteó a ver al muchacho, mientras abría unas nueces con sus dientes y dedos, a lo que le contestó:

—Yo tengo que cruzar el lago diario a toda hora, muchacho.

—Pues yo te acompaño en esta vuelta a la otra orilla —repuso el joven Hidalgo.

—Pues nada, sube, que de cualquier manera tengo que llevar algunos encargos para el otro lado.

Los dos se subieron al bote y comenzaron a navegar. El barquero era un hombre delgado y callado que se notaba cansado, pero su técnica de remar era más que excelente. Para romper un poco el silencio, Miguel le preguntó:

—¿Oiga, qué poblado hay hacia donde nos dirigimos?

—Está el poblado de Uriangato, es muy pequeño pero se come muy rico ahí.

—¿Está cerca? —reviró Miguel.

—Sí, allá —señalaba el barquero apuntando con su índice hacia el otro lado del lago.

—¿Y a qué se dedican ahí?

—Es un pequeño pueblo minero que saca oro.

—Vaya, deben de ser muy ricos allí, ¿no es así?

—No muchacho, todo el oro que sale de sus pequeñas minas es para los españoles; nada se queda en Uriangato.

—Pero eso es injusto, por qué no hacen nada ustedes, por qué los españoles no les dejan aunque sea algo de oro.

—¡Ay, muchacho! Si yo lo supiera y tuviera la valentía de hacer algo, no estaría aquí en este bote con tanto ir y venir que me cansa mucho. Ya me duele hasta el alma.

Una vez que llegaron a la otra orilla, Miguel vio cómo aquel poblado que estaba sobre montones de oro, vivía en la pobreza total y el olvido, pero la gente se veía sin preocupaciones, continuaban su trabajo. Observar todo aquello, a Miguel le dejó un huella imborrable en su mente y en su persona. Se prometió a sí mismo que, cuando fuera grande y en donde estuviera, sin importar cómo, ayudaría a la gente de su pueblo, a pesar de la ajetreada vida de la ciudad a la que se vería enfrentado y en donde él quería ganarse el reconocimiento.

Miguel se sentó cerca de aquel lago y decidió enfrentar su problema e ir con su padre a Corralejo para contarle lo que había hecho y le firmara ese documento del colegio. En aquel pueblito perdido de Valladolid mi hermano decidió convertirse al sacerdocio. Al otro día, llegó a la hacienda de Corralejo, yo salí en su búsqueda hacia su cuarto una vez que supe que ya estaba en casa. Nos saludamos, me dio un abrazo y me preguntó que si esa noche antes de dormir me gustaría escuchar una historia.

Siempre recordaré con mucho cariño a mi hermano y también con mucha admiración. Es así como yo, Mariano Hidalgo y Costilla, dejo como prueba fiel este documento para que futuras generaciones, que crezcan en esta gran nación, sepan cómo fue la niñez y la vida del máximo héroe de la patria.

Antes del fusilamiento del padre Miguel Hidalgo, por parte de la Iglesia católica, se llevó a cabo un rito que llamaban de degradación sacerdotal. En el lugar donde iba a ser asesinado, colocaron un gran crucifijo con dos sirios encendidos a lado; pusieron dos sillones de frente a la multitud de feligreses. En ellos se sentaron el ministro de la degradación y los tres clérigos asistentes. El padre Hidalgo, sabedor de su muerte, vistió por última vez sus ropas religiosas y se colocó los ornamentos que usaba como cuando daba misa en la parroquia de Dolores en Guanajuato.

Hicieron que se arrodillara frente al ministro de la degradación y, con cuchillo filoso, rasparon las palmas de sus manos, al igual que las yemas de sus dedos. Después lo despojaron de sus ornamentos y le dijeron: "Te desnudamos de todo adorno religioso; te denudamos de toda orden, beneficio, privilegio eclesiástico y por ser indigno de la profesión eclesiástica. Lo convertimos con ignominia al estado de hábito seglar". Hecho esto, le cortaron un mechón de cabello y el ministro volvió a hablar: "Te arrancamos de la suerte del señor como hijo ingrato, te despojamos de la corona que te fue otorgada como símbolo real del sacerdocio, debido a la maldad de tu conducta".

Después, el juez del tribunal militar pronunció la sentencia:

—Pena de muerte para Miguel Hidalgo por profesar y divulgar ideas exóticas, partidario de la revolución democrática francesa, por disolución social al pretender independizar a México del Imperio de España; en consecuencia: por traidor a la patria.

Tal fue la farsa eclesial que, contra todo derecho, vio por primera vez la villa de Chihuahua. Ceremonias tan tremendas que, para el que las viera con ojos de piedad y religión, resultaban ridículas cuando se ejecutaban por jueces incompetentes, atropellando los trámites del derecho, en la humillación del procesado y procediendo de un modo ridículo y caprichoso. "¿Y creerá el gobierno español que respetó los cánones de la Iglesia?", se decía el cura Hidalgo.

Estos métodos de justicia eran de ejemplificación, como cuando un padre lleva a su hijo faltista a la escuela para que reciba el castigo; el muchacho teme la entrega al maestro, pero el papá, en el acto de entregarlo, le dice al castigador, guiñándole el ojo: "No lo azote usted", lo que quería decir: "Si le va aplicar media docena, dele una o dos". Los beneficios de esta súplica fueron no dispararle al cura Hidalgo sobre la cabeza para conservarla y llevar su calavera a Guanajuato. Le dieron sobre la caja del cuerpo; así es que al cura infeliz, pero con la cara en alto, le descargaron, como a perro rabioso tirado sobre el suelo, una granizada de balas, como si fuera un criminal callejero.

He aquí la rabia infernal desatada contra el cura de Dolores; he aquí una venganza cruel, meditada y calculada a sangre fría. Al otro día, salió un comunicado del gobierno español para que fuera leído en voz alta en cada una de las entidades de representación y plazas públicas:

Españoles, ¡no lamentéis la pérdida de estos deliciosos países! Sembrasteis llanto y cogisteis llanto. ¿De qué os quejáis, cuando después de tantos desafueros aún tenéis lugar en nuestra sociedad? Buscad hombres más generosos que os trataran como nosotros después de una tan larga serie de ultrajes, y de que los hechos de esta horrenda atrocidad están todavía frescos.

Estas palabras eran en referencia a su dizque justo gobierno y a la "insolencia" del padre Hidalgo y del movimiento insurgente. Sí, esto lo hicieron cuando aún humeaba la sangre de Hidalgo, cuando todavía lloraban sus feligreses la pérdida de su buen párroco. También las ciencias se lamentaban de esta desgracia que les arrebató un hijo muy querido; la juventud no enjugaba sus lágrimas (las dejaba correr) cuando recordaban la memoria de un director y un pensador que supo conducirlos en la carrera literaria en aquel colegio de San Nicolás.

Conozcamos al tribunal que participó en la causa del cura Hidalgo. Compusieron ese famoso juzgado hispano-judaico, el teniente coronel y gobernador de Texas don Manuel Salcedo y los vocales teniente coronel don Pedro Nolasco Carrasco, capitanes don José Joaquín Ugarte, don Simón Elías González y otros oficiales subalternos, sobre los que tenía un inmediato influjo y ascendiente don Nemesio Salcedo. En la formación de la causa no sólo intervino el citado don Ángel Abella, quien entonces se hallaba de emigrado en Chihuahua, sino don Juan Ruiz de Bustamante, vecino de la misma villa. Quizá estos nombres por sí mismos no digan nada, pero de todos modos hay que señalarlos.

La sentencia se ejecutó al tercer día de haberse verificado la llamada degradación y consignándose a Hidalgo a la jurisdicción militar; consignación ridícula e inútil, pues desde un principio el cura apresado estuvo a disposición del truculento Salcedo.

Para fortuna del padre Hidalgo, Salcedo halló en la persona de don Melchor Huaspe, español, que fungió de alcaide, un hombre lleno de bondad que lo trató como no esperaba. Hidalgo, que como hombre sabio preveía su fin, se preparó con tiempo para morir y se puso bajo la dirección espiritual del P. J. José María Rojas, guadalupano de Zacatecas, y que supo proporcionarle muchos consuelos mientras estuvo preso en Chihuahua.

Intimada la sentencia, la oyó Hidalgo con tranquilidad, y con la misma se mantuvo hasta los momentos de morir. La mañana de su ejecución notó que en el desayuno le habían puesto en el vaso menos cantidad de leche que la acostumbrada; mandó que se lo llenasen y le dijeron que no porque era la última y que debía beber menos. Al tiempo de marchar para el patíbulo, se acordó de que bajo la almohada de su cama dejaba unos dulces; regresó por ellos y los distribuyó entre los soldados que le iban a disparar; éstos titubearon mucho para decidirse a hacerle fuego, pues siendo un sacerdote lo miraban con la más alta consideración, además, no había memoria de que se hubiese ejecutado a un ministro de santuario.

Hidalgo imponía, aun en su estado de abatimiento y con el aspecto refinado de su cara; había un no sé qué de noble, de majestuoso y respetable que, sin querer, recordaba todas las acciones maravillosas de aquel ser humano extraordinario. Puesto en suplicio y con orden de conservar la cabeza de Hidalgo para ser trasladada en señal de triunfo a Guanajuato, los militares descargaron una granizada de balas sobre su cuerpo y por tanto le dieron una muerte cruentísima. Los rifles despedían humo al disparar y era como ver, de un lado, entre la niebla, a un hombre valiente hasta el último segundo y, del otro lado del humazo, a unos seres humanos desconcertados convertidos en demonios de las tinieblas. El cuerpo del Padre de la Patria se sostuvo todavía en pie, tal vez ya muerto, sostenido por el amor a su patria, y de pronto se desplomó.

Este acto se verificó detrás del hospital militar de la villa de Chihuahua, donde el cura se mantuvo en prisión con grilletes y mucha custodia. El cura Hidalgo poseyó las ciencias que se enseñaban en sus días y se distinguió por principio en historia eclesiástica; su erudición era tan copiosa como amena y divertida. Su aplicación a la economía política la manifestó desde el colegio seminario de Valladolid, del que fue rector, y la desarrolló cuando fue cura en la villa de San Felipe y congregación de Dolores.

Era muy fácil para un viajero entender que aquellos lugares estaban regidos por un hombre de buena cabeza, pues la escolta de música de sus amados indios, y los talleres de loza y tejidos, denotaban que ahí había un consagrado genio superior con el fin de causar la dicha de los infelices; si Hidalgo supo conducir a los niños, supo también manejar a los feligreses y ganarles el corazón por la vía de la dulzura y de los beneficios.

No se conocía sobre la Tierra una dignidad más respetable que la de un cura que va a llevar razón sana y un corazón sensible a un breve número de hogares, que fija en medio de ellos el domicilio de su vida, que adopta a estas familias de trabajadores, que vive y se divierte con ellos como un padre con sus hijos. Él los juntaba en ciertos días señalados para conversar e instruirlos acerca del Dios que fecunda sus campos y los llenaba de beneficios.

Apagaba su genio y pasaba al estilo más humilde de sus feligreses las ideas más altas, o los principios más abstractos de la moral, la filosofía y la religión. Los enseñaba a conocer la felicidad en una condición pacífica, y a no envidiar las agitadas fortunas de los poblados. Alegraba a la madre de familia acariciando blandamente a su joven hijo; al robusto lo animaba para que trabajara, haciéndole ver la indigencia de su decrépito gobierno, cuyos días de reposo ya habían llegado. Se paseaba con los viejos en la estación de los bellos días y les hablaba, con tranquilidad, de la muerte a la sombra del antiguo árbol que aún verdegueaba; allanaba para el moribundo la entrada al sepulcro y lo consolaba en el peligroso término de sus dolores y enfermedades. Tal era el papel que representaba el inmortal Hidalgo en su pueblo Dolores. Lloraba en él de tiempo atrás la esclavitud de su nación, y a proporción de sus luces en la política, conocía sus derechos ultrajados y ansiaba el momento de su redención. Era a la verdad insufrible el yugo que gravitaba sobre nuestros cuellos, y a la insoportable tiranía del gobierno. Desconfiaba hondamente de aquellos mandarines extremos, quienes llamaban a las Américas "nuestras Indias", y a sus hijos, vasallos.

Estas disposiciones eran las que tenía cuando dio la voz de independencia; pronunciamiento terrible, salido en exclusivo de sus labios, y que nada le contuvo para ejecutarlo en el instante. Don Juan Aldama dijo en una de sus declaraciones que, cuando llegó a la casa del cura Hidalgo, instruido éste de lo que ocurría en Querétaro, el cura les dijo a todos:

—Caballeros, estamos perdidos; aquí no hay más recurso que ir a coger gachupines.

A lo que respondió Aldama:

—Señor, ¿qué va usted a hacer? Por amor de Dios, vea lo que hace —se lo repitió dos veces; sin escucharlo, se dirigieron entonces a la cárcel y el mismo cura obligó al alcaide a que echase fuera a los presos.

Esta prueba inequívoca de su valor y de un valor inquieto, un tanto desesperado, muestra muy bien que su carácter era firme, resuelto y denodado. No obstante, preciso es confesarlo, tan bellas disposiciones se le fueron de la mano cuando pasaron a sus hombres en acción con rasgos de crueldad: los asesinatos cometidos a sangre fría en Valladolid y Guadalajara denotan que en su corazón había un depósito de sangre fría, la que debe tener un soldado como él lo fue, tal vez concebido también desde que vio que su feligresía quedó reducida a la miseria por la bárbara disposición del gobierno de que no elaboraran vinos con el producto de sus viñas.

Acosado por estos españoles y sin hallar apoyo del gobierno, dio vuelo a cierta venganza, mostrándose duro, aun a veces entre los que lo rodeaban, y se hizo insufrible al mismo Allende, joven brioso y terrible en la campaña, pero dulce y clemente en los instantes de calma y sangre fría. Allende llegó a querer deshacerse de Hidalgo con un veneno, porque le eran insufribles sus decretos; así consta en la causa, y también es preciso confesar con dolor estos hechos. Las resoluciones de Hidalgo en esta parte eran terribles pero necesarias en medio de la guerra para llevar adelante la causa independentista.

Hidalgo hizo mucho, pero pudo haber hecho más; si hubiera tenido el carácter de aquel Morelos que sacaba oro del mismo estiércol, la América habría conseguido su independencia a la vuelta de seis meses, economizándose mucha sangre; pero la ciencia de las revoluciones no se aprende en los libros escolares, sino sobre los escombros y cenizas de los pueblos. Es la ciencia que no entra por teorías ni deducciones, sino por la experiencia de desastres dolorosos e irremediables. Los restos venerables de Hidalgo aguardan el pavoroso grito de la resurrección en la capilla de la Tercera Orden de San Francisco de la villa de Chihuahua, villa que, a pesar de la opresión en que vivía, mostró su pena, aunque con encogimiento, por la pérdida del patriarca de su libertad.

El día del fusilamiento del padre Hidalgo, lo llevaron al patio, lo sentaron en un banco, le vendaron los ojos. El cura llevaba un crucifijo en su mano izquierda, colocó la mano diestra en su pecho, sobre su corazón y al escuchar la voz de fuego, encomendó en voz alta su alma al señor; vino una primera descarga, lo sacudió y su sangre fluyó por todo el cuerpo. Luego vino una segunda descarga y se dio cuenta de que seguía con vida. Entonces, el oficial en mando les ordenó a dos soldados acercarse y disparar a quemarropa sobre el corazón de don Miguel y, de nuevo, encomendó su alma al creador. Luego vinieron las detonaciones y la vida de Miguel Hidalgo se apagó.

Era don Miguel Hidalgo y Costilla un hombre que ponía buena cara a las pesadumbres, bien encarado, de cuerpo promedio, un poco trigueño, ojos vivos, voz dulce, de conversación amena, obsequioso, pícaro, complaciente. No afectaba de ninguna manera su sabiduría, pero se conocía que era hijo de las ciencias; era fogoso, emprendedor y a la vez arrebatado. La botánica, la poesía y el teatro han perpetuado la memoria de este hombre extraordinario. Y debe ser recordado como lo que es ahora para todos los mexicanos: el Padre de la Patria.

Epílogo

DESPUÉS DEL llamado al levantamiento contra el mal gobierno, a lo que la historia llamó El Grito de Dolores, sobrevino el inicio de la revuelta. Junto con Allende, Hidalgo consiguió reunir un ejército formado por más de 40 000 miembros. Se les unió el Regimiento de la Reina y en el camino encontraron una multitud de gente del campo simpatizante. En principio eran indios armados con flechas, palos, hondas e instrumentos de labranza.

En poco menos de dos semanas, el Ejército Insurgente obtuvo una serie de rápidos y fáciles triunfos. De Dolores pasaron a Atotonilco, donde se tomó una imagen de la Virgen de Guadalupe que se convirtió en estandarte; luego tomaron San

Miguel el Grande (hoy Allende), Chamucuero y Celaya. En este lugar se le dio a Miguel Hidalgo el grado de generalísimo y a Ignacio Allende el de capitán general. Siguieron hacia Salamanca, Irapuato y Silao, hasta llegar a Guanajuato.

Ante la proximidad del Ejército Insurgente, los españoles, junto con sus familias y sus caudales, se refugiaron en la Alhóndiga de Granaditas, en la ciudad de Guanajuato. El 28 de septiembre, después de una sangrienta lucha en la que la multitud enfurecida aniquiló a los defensores de la Alhóndiga. Hidalgo pidió a un indio minero, conocido como El Pípila, quemar la puerta principal. El hombrón cargó una losa sobre la espalda a manera de escudo, logrando incendiar la puerta de la Alhóndiga para abrir paso a los insurgentes.

A las cinco de la tarde se logró la toma de la gran construcción. Durante el desorganizado asalto, los sitiadores sufrieron más de dos mil bajas. Cuando las hostilidades cesaron, el pueblo mató a más de doscientos cincuenta españoles, dando inicio a un saqueo por la ciudad que duró hasta el día siguiente. Hidalgo pudo contener el desorden publicando un aviso en el que se anunciaba la pena de muerte a los saqueadores. Durante su estancia, los insurgentes reorganizaron sus tropas, añadieron dos nuevos regimientos de infantería; se fundieron cañones para incrementar la artillería. José María Liceaga fue nombrado coronel y José Mariano Jiménez se añadió a la causa.

De Guanajuato, don Miguel Hidalgo se dirigió a Valladolid, ciudad que fue tomada por los insurgentes el 17 de octubre de 1810, sin que sus defensores opusieran resistencia. Hidalgo inició el avance por poblados de nombres raros: Acámbaro, Zinapécuaro e Indaparapeo, pasando por Valle de Santiago y Salvatierra, de manera que reclutó más gente e incrementó su fuerza hasta sesenta mil hombres. El coronel Diego García Conde, quien había partido desde la Ciudad de México para defender la plaza de Valladolid, cayó prisionero de los insurgentes en Acámbaro. En Valladolid se encontraban sólo setenta hombres al mando de Agustín de Iturbide quien, al ver el panorama, decidió huir hacia la capital. Hidalgo le propuso unirse a la rebelión, pero Iturbide rehusó el ofrecimiento.

El propio obispo Abad y Queipo trató de manera inútil de organizar la resistencia y, sin lograr su propósito, abandonó el sitio. Una pequeña comisión compuesta por el capitán José María Arancivía, el canónigo Betancourt y el regidor Isidro Huarte, se entrevistó con Hidalgo para capitular la plaza, la cual fue tomada de forma pacífica el 17 de octubre. Ante las circunstancias, el gobernador de la mitra, Mariano Escandón, expidió un acta en la que dio marcha atrás a la excomunión de Hidalgo proclamada por el obispo.

Las fuerzas insurgentes, en número ya de ochenta mil hombres, aunque numerosas, tenían carencia de ímpetu y organización. Le propusieron a Hidalgo que, ante la menor adversidad en un combate, los hombres recularían "como palomas". Durante una junta en Acámbaro, Aldama, Balleza, Jiménez y Arias fueron promovidos a tenientes generales; Ignacio Martínez, Abasolo, Ocón y José Antonio Martínez fueron mariscales de campo. En Acámbaro permanecieron varios días, organizando la tropa para salir a tomar la capital del virreinato: la ciudad de México.

En el Monte de las Cruces, a las afueras de la Ciudad de México, Hidalgo obtuvo una formidable victoria el 30 de agosto, derrotando al coronel realista Trujillo; de manera inexplicable para la Historia, Hidalgo ordenó la retirada de sus tropas hacia Ixtlahuaca, por el camino de Toluca. La victoria de Las Cruces fue malgastada, pues en lugar de lanzar sus tropas sobre la Ciudad de México en medio del desconcierto que había ocasionado en las filas españolas, el cura ordenó la retirada. ¿Falta de visión estratégica, temor a perder la guerra en el último momento, extremo respeto inconsciente a la ciudad capital y al virrey? El caso es que Hidalgo alejó su gran ejército, lo que se ha considerado su error más trágico en la guerra de Independecia.

En Puente de Calderón, cerca de Guadalajara, se enfrentaron insurgentes y realistas; los últimos al mando del general Félix Calleja. Fue una batalla desastrosa para Hidalgo y su gente, obligándolos a replegarse hacia el norte.

En Guadalajara, Hidalgo organizó el primer gobierno independiente. Para ello contó en la administración con Ignacio López Rayón al frente de la denominada Secretaría de Estado y del Despacho, y con José María Chico en la Secretaría de Gracia y Justicia.

El 6 de diciembre de 1810, Hidalgo expidió el decreto que ordenaba la abolición de la esclavitud e imponía la pena de muerte a todo aquel que no lo acatara en un plazo de diez días; asimismo, derogó los tributos pagados por las castas y las contribuciones de los indígenas. Además ordenó la publicación de el Despertador Americano, primer periódico insurgente. Pero la Ciudad de México seguía siendo el eje estratégico de las fuerzas realistas.

Una vez que los realistas tomaron Guanajuato, Allende huyó a Guadalajara a fin de unirse a las tropas de Hidalgo. Empezaron a organizar las batallas, ya que los realistas estaban por llegar a Guadalajara.

Así comenzaron los combates y, a pesar de la lucha sin cesar del ejército independiente, una explosión de un carro de municiones de los insurgentes facilitó la victoria del enemigo. Así el ejército insurgente fue derrotado el 17 de enero en Puente de Calderón. Luego de esa derrota, Miguel Hidalgo se dirigió a Zacatecas; el 25 de enero, Allende junto con otros jefes insurgentes destituyeron a Hidalgo del mando militar, ya que lo señalaban como responsable de la última derrota. Así el mando recayó en Allende.

Después de varias derrotas y camino rumbo a Estados Unidos para conseguir fondos, fueron traicionados por el ex realista Ignacio Elizondo; Hidalgo estuvo preso en las Norias de Acatita de Baján, Coahuila, el 21 de marzo de 1811 y lo condujeron a Chihuahua. Fue enjuiciado, degradado de su carácter sacerdotal y fusilado a las 7 de la mañana del 30 de julio de 1811. Poco después lo decapitaron y enterraron su cuerpo.

Su cabeza, junto con la de Allende, Aldama y Jiménez, fueron llevadas a Guanajuato, encerradas en jaulas de hierro y colgadas en las cuatro esquinas de la Alhóndiga de Granaditas, en donde permanecieron hasta la consumación de la Independencia en 1821.

Hidalgo. Aventurero astuto de corazón grande,
de Guillermo Samperio,
se terminó de imprimir en agosto de 2010
en los talleres de Litográfica Ingramex, S.A. de C.V.
Centeno 162-1, Col. Granjas Esmeralda
C.P. 09810 México, D.F.